Saarbrücken, den 3. Juli 2017

Liebe Laila

Herzlich Willkommen

auf meine Blumenwiese!

Wolfgang

Wolfgang Stein

VERGISS MEIN NICHT ...

Ausgewählte Wildblumen des Saarlandes
und ihre Bedeutung in der Kulturgeschichte des Menschen

mit zwei Beiträgen von Björn Diehl

Dieses Buch entstand mit finanzieller Unterstützung der Saarland-Sporttoto GmbH, des Förderkreises Botanischer Garten der Universität des Saarlandes sowie des Ministeriums für Bildung, Kultur und Wissenschaft

SAARTOTO

Saarland
Ministerium für Bildung, Kultur und Wissenschaft

Der Erlös des Buches kommt ausschließlich dem Botanischen Garten der Universität des Saarlandes zu Gute.

Herausgeber:
Universität des Saarlandes
Postfach 151150
66041 Saarbrücken

Satz & Gestaltung:
Evelyne Burkhart; Facility Management
Wolfgang Stein, Botanischer Garten

Bildbearbeitung:
Anika Colbus, Medienzentrum

Druck:
Ottweiler Druckerei und Verlag GmbH
Postfach 1261
66559 Ottweiler

ISBN 3-923755-97-X

Inhalt

Geleitwort der Universitätspräsidentin
Prof. Dr. Margret Wintermantel

Der besondere Reiz Botanischer Gärten geht gewöhnlich vor allem von ihren exotischen Pflanzen aus, die die Aufmerksamkeit der Besucher auf sich ziehen. Dagegen können wir den Gewächsen unserer Heimat auf Schritt und Tritt bei Spaziergängen in Wäldern und Wiesen oder bei der Gartenarbeit begegnen; entsprechend gleichgültig oder gar feindselig behandeln wir sie – man denke nur an die vielen Arten, die wir mit dem botanisch selbstverständlich unangebrachten Begriff „Unkräuter" belegen. Dass jedoch auch die einheimischen, „normalen" Pflanzen vieles Interessante, ja Faszinierende zu bieten haben, das wird erst bei jenem näheren Hinsehen deutlich, zu dem uns ein Experte verhelfen kann, der sein Wissen und seine Begeisterung mitteilt. Solch ein Experte ist Wolfgang Stein, Leiter des Botanischen Gartens der Universität des Saarlandes, der mit seiner Artikelserie über einheimische Wildblumen großes Interesse bei den Leserinnen und Lesern der Saarbrücker Zeitung gefunden hat. Seine Texte vermitteln weniger botanische Detailkenntnisse als vielmehr hochinteressante Einsichten über die Namen der Blumen, ihre Herkunft, ihre Eigenarten und Fähigkeiten und ihre kulturhistorische Bedeutung zum Beispiel in Brauchtum, traditioneller Medizin, Mythologie oder Religion. Auf diese Weise erhalten selbst scheinbar gewöhnliche und belanglose Pflanzen wie etwa das Gänseblümchen oder der Wegerich einen ganz besonderen Reiz und stellen sich dem Betrachter in einem neuen Licht dar.

Das Erscheinen des vorliegenden Bandes, der die Artikelserie zusammenfasst, ist deshalb sehr zu begrüßen und erfüllt zweifellos die Wünsche vieler, die nicht die Mühe aufwenden konnten, alle Artikel einzeln aus der Zeitung auszuschneiden und im privaten Ordner zu sammeln. Die Publikation fügt sich überdies in höchst begrüßenswerter Weise in den Funktionswandel ein, den der Botanische Garten der Universität des Saarlandes, wie andere Universitätsgärten auch, in den letzten Jahren durchlaufen hat. Aus den ehemaligen Kräutergärten und wissenschaftlichen Lehrsammlungen sind heute Zentren der naturkundlichen und kulturhistorischen Allgemeinbildung geworden, die sich an ein breites interessiertes Publikum wenden und anschauliches Wissen weit über die Botanik hinaus vermitteln. So bietet der Botanische Garten unserer Universität heute nicht nur ein ansehnliches grünes Entree für unser Campus-Gelände und für alle Universitätsangehörigen ein hochgeschätztes Refugium zum Zwischendurch-einmal-Aufatmen, er ist auch für die Allgemeinheit als Lehr-, Schau- und Erlebnisgarten ein beliebter Anlaufpunkt zur anschaulichen Information. Mit zahlreichen Veranstaltungen und Veröffentlichungen wird der Garten dieser neuen Aufgabe gerecht und wirkt so als ein wichtiges und hochwillkommenes Bindeglied zwischen Wissenschaft und Öffentlichkeit.

Mit meinem Dank an Wolfgang Stein und sein engagiertes Team verbinde ich den Wunsch, dass sein Buch zahlreiche Leser finden und für die Besonderheiten der Natur unserer Region neue Liebhaber gewinnen möge.

Vorwort des Autors

Die Idee zu diesem Buch entstammt dem Wunsch der Saarbrücker Zeitung (SZ), eine Serie über einheimische Wildblumen herauszugeben. Als man mich als möglichen Autoren für diese Serie ansprach, war ich leicht dafür zu begeistern, entspricht doch gerade diese Herausforderung sowohl meinem dienstlichen Auftrag seitens der Universität als auch meinem inneren Drange, Menschen für Pflanzen begeistern zu wollen.

Selbstverständlich waren keine wissenschaftlichen Abhandlungen gefragt oder gar ein Pflanzen-Erkennungswerk. Aus der Erfahrung unzähliger floristischer Führungen mit botanischen Laien weiß ich, mich diesbezüglich zurückzuhalten. Vielmehr wollte ich Interessantes und Wissenswertes, gelegentlich auch kleine Anekdoten, über einige ausgewählte Pflanzenarten unterhaltsam erzählen, manchmal zum Staunen, zum Grübeln oder auch zum Schmunzeln anregen.

So entstand eine Serie über die Wildblumen unserer Region, wie sie über die Sommermonate der Jahre 2002 und 2003 jeweils in der Samstagsausgabe der Saarbrücker Zeitung landesweit veröffentlicht wurde. Die zahlreichen positiven Rückmeldungen aus der Leserschaft der SZ sowie die vielen diesbezüglichen Nachfragen haben mich dazu ermuntert, die gesammelten Texte zusätzlich als illustriertes Buch herauszugeben.

Die in großem Umfang vorliegenden Informationen über die einzelnen Pflanzenarten kann man sich selbstverständlich nicht aus den Ärmeln schütteln. Maßgeblich für meine Entscheidung zum Verfassen der Texte war die Tatsache, dass ich die diesbezüglich gut bestückte Bibliothek des Botanischen Gartens als Grundstock vorhanden wusste. Die meistverwendeten Werke sind am Ende des Buches genannt. Manches stammt auch aus eigener Erfahrung oder wie heutzutage unerlässlich aus dem Internet. Bezüglich der Widersprüchlichkeit manch strittiger Aspekte, insbesondere im Zusammenhang mit der Namensherkunft, der Bedeutung in Aberglaube und Religion oder der medizinischen Wirkung bestimmter Pflanzenarten, wollte ich mich nicht festlegen. Daher ist manche Formulierung bewusst vorsichtig gewählt. Anderes wiederum, etwa aus dem Bereich der Mythologien, ist gelegentlich in vereinfachter Form dargestellt. Hätte ich allen Zweifeln, Gegenmeinungen und Widersprüchen sowie der Kompliziertheit mancher Gesichtspunkte Rechnung getragen, wären der Rahmen, der Sinn und der erzählende, unterhaltsame Stil des Buches verloren gegangen.

Die Beschränkung auf maximal 100 Zeitungszeilen, die mir für die Serie seitens der Redaktion auferlegt wurde, war mitunter recht mühsam einzuhalten. Wenn dadurch auch manch Interessantes unerwähnt geblieben ist, sehe ich heute ein, dass auch der gewillte Leser übergroße Artikel in der Zeitung oftmals scheut. Diese Einsicht habe ich für das vorliegende Buch übernommen und die einzelnen Texte der Serie zwar etwas überarbeitet, aber bewusst nicht ausgeweitet.

Anfangs war für mich nicht abzusehen, ob ich es neben meiner sonstigen Tätigkeiten als Leiter des Botanischen Gartens schaffen würde, die Pflanzenporträts jeweils termingerecht bei der SZ einreichen zu können. Daher wollte ich die Serie zunächst zusammen mit meinem Mitarbeiter, Björn Diehl, verfassen, der sich allerdings wegen anstehender Prüfungstermine bald wieder zurückziehen musste. Auf seine beiden wertvollen Beiträge über das Schöllkraut und den Waldmeister wollte ich für das vorliegende Buch nicht verzichten und habe sie mit seinem Einverständnis übernommen.

Danke

Mit Herrn Harald Knitter, der für die Serie zuständige Redakteur der SZ, stand mir ein zuvorkommender und professioneller Journalist als Ansprechpartner zur Seite. Insbesondere schätzte ich seine wohlgemeinten Hinweise, was man einem Zeitungsleser ohne botanisches Fachwissen an wissenschaftlicher Sprache zumuten darf und was nicht. Dafür gebührt ihm mein besonderer Dank.

Für das Korrigieren der Texte danke ich meinem Mitarbeiter, dem Germanisten Stefan Klopp.

Ein Buch über Blumen kann ohne schöne Bilder schwerlich glänzen. Leider standen eigene Aufnahmen nur unzureichend zur Verfügung. Ohne die dankenswerte Aushilfe meiner vielen, im Bildnachweis genannten Freunde, Bekannten und Kollegen wäre dieses Buch nicht zustande gekommen.

Natürlich durfte die Herausgabe des Buches keine finanzielle Belastung für den bescheidenen Etat des Botanischen Gartens werden. Um so mehr freute ich mich über die finanzielle Unterstützung seitens der Saarland-Sporttoto GmbH, des Förderkreises Botanischer Garten der Universität des Saarlandes sowie des saarländischen Ministeriums für Bildung, Kultur und Wissenschaft.

Meinen Jungs
Alexander und Thorsten

Einleitung

Einheimische Wildblumen? Sind das nicht die vielen auffälligen, farbenfroh blühenden Kräuter unserer bunten Blumenwiesen? Die Biologie fasst den Begriff Blumen gemäß seiner wissenschaftlichen Definition allerdings anders auf. Die Botanik versteht nämlich unter Blumen nichts anderes als Blüten im Hinblick auf ihre Bestäubungsstrategien. Und Blüten sind nun mal auch an Sträuchern und Bäumen, ja sogar an Nadelbäumen, welche man aber gemeinhin nicht zu den Blumen zählen mag. Einigen wir uns daher für dieses Buch auf krautige, das heißt unverholzte Blütenpflanzen, also Stauden und Einjährige. Dazu zählen eigentlich auch unsere Gräser, aber auf die soll hier ebenfalls verzichtet werden. Ach ja, und „wild" sollen sie sein, also ohne vom Menschen gewollte züchterische Abwandlungen, etwa gefüllte, vergrößerte oder andersfarbige Blüten. Mit „einheimisch" ist das natürliche Vorkommen in unserer Region, insbesondere im Saarland, gemeint. Auch dies bedarf einer weiteren Erläuterung: Man bedenke, dass es ohne den Einfluss des Menschen von Natur aus in unserer Region (wohl mit Ausnahme der Flussauen) ausschließlich Wald gäbe und somit die meisten Wildblumen Waldpflanzen wären und zwar in sehr geringer Artenzahl. Erst durch die Schaffung unserer waldfreien Kulturlandschaft, wie Felder, Äcker, Wiesen, Wege, Plätze, haben wir die Nischen für zahlreiche Pflanzen geschaffen, welche bis heute den eigentlichen Artenreichtum unserer Flora begründen. Ökologisch betrachtet, handelt es sich bei diesen Lebensräumen vorwiegend um Steppen. Und so sind viele unserer heutigen Wildblumen tatsächlich im Laufe der Jahrhunderte zunächst aus den Steppengebieten Asiens und später auch aus den nordamerikanischen Prärien zu uns eingewandert. Letztlich sind sie hier heimisch geworden und haben Eingang gefunden in vielerlei Aspekte der kulturellen Entwicklung des Menschen.

Dabei gelten einige als zu bekämpfende „Unkräuter", weil sie auf Weide, Feld und Acker in Konkurrenz zu unseren eigentlichen Nutzpflanzen treten. Ihr Auftreten hatte vor den Zeiten technischer und chemischer Bekämpfungsmittel das bäuerliche Handwerk arg erschwert und konnte merkliche Ernteverluste zur Folge haben. Auch den Gärtnern sind viele ein Dorn im Auge, wachsen sie doch oftmals hartnäckig gerade dort, wo man sie nicht haben will, im Blumenbeet oder im Englischen Rasen.

Andere wiederum erweisen sich als nutzbar für den Menschen, sei es als Nahrungsmittel, als Viehfutter, als Gewürz oder als Zierpflanze. Aus manchen lassen sich Fasern, Farben, Öle, Gummi oder andere technisch verwendbare Grundstoffe herstellen. Viele sind sogar in den Rang willkommener Arzneipflanzen aufgestiegen. Vor einigen muss man sich allerdings wegen ihrer Giftigkeit in Acht nehmen.

In diesem Zusammenhang ist es wichtig, sich in Erinnerung zu rufen, dass unsere Vorfahren vor nicht allzu langer Zeit die Pflanzen noch als beseelte Wesen ansahen, welche nützen oder schaden konnten und zudem häufig als Mittler zu übersinnlichen Welten dienten. Somit hielten sie auch Einzug in Mystik, Magie, Mythologie, Volksglaube und Religion. Vielfach ist bereits den deutschen wie auch den wissenschaftlichen Pflanzennamen die Bedeutung der jeweiligen Art für unsere Altvorderen abzulesen. Von all dem wird zu erzählen sein.

Bei der Auswahl der vorgestellten Pflanzen (es gibt etwa 1.300 heimische Blütenpflanzen im Saarland) spielten ästhetische Gesichtspunkte keine besondere Rolle. Kleine und große Blumen sind dabei, schöne und weniger schöne, hässliche gibt es nicht. Vielmehr wurde Wert auf deren Bedeutung in unserer Kulturgeschichte gelegt, wie sie zum Teil bis heute in zahlreichen Verwendungen (Medizin, Ernährung, Technik) fortlebt. Insbesondere wird auch auf die Rolle in den alten Mythologien und im Volksglauben eingegangen, welche in zahlreichen Traditionen, im Brauchtum sowie im Sprachgebrauch bis heute nachwirkt, über deren Ursprünge wir uns oftmals nicht mehr bewusst sind. Jenseits ihrer Ästhetik erlangen unsere Wildblumen aus ihrer kulturhistorischen Bedeutung heraus eine besondere Faszination.

Der Aronstab

Zur großen Pflanzenfamilie der Aronstabgewächse gehören zahlreiche beliebte Zimmerpflanzen. Dabei quälen sich Philodendron und Dieffenbachie oftmals in der trockenen Raumluft unserer Wohnstuben durch die Wintermonate, sind sie in ihrer fernen Heimat doch ein weitaus feuchteres Klima gewohnt. Nur wenige Arten dieses vorwiegend tropischen Verwandtschaftskreises haben sich von Natur aus in unsere kühleren Breiten verirrt, darunter ein Vertreter der eigentlich namensgebenden Gattung, nämlich unser Gefleckter Aronstab (Arum maculatum). Man findet ihn in vereinzelten Exemplaren über das ganze Saarland verteilt, dabei relativ häufig in den Muschelkalkgebieten des Bliesgaus.

Blüten in warmer Stube

Die deutsche sowie die wissenschaftliche Artbezeichnung unseres heimischen Aronstabes gehen auf dessen oftmals schwarz gefleckte (lateinisch: maculatum) Blätter zurück. Auch die seltsame Form seines Blütenstandes bedarf einer näheren Betrachtung. Äußerlich sichtbar ist ein großes grünlich-weißes Hochblatt, das an seiner Basis zu einer tütenförmigen Hülle eingerollt ist, aus dessen Öffnung lediglich die rotbraune, kolbenförmige Spitze des Blütenstandes herausragt. Die eigentlichen Blüten sitzen im unteren Teil verborgen. Dem Hohlraum entströmen für uns nicht wahrnehmbare Düfte, zusätzlich aktiviert durch einen inneren Heizmechanismus, der die Blü-

Bild 1: *Wie eine Halskrause mit Kapuze schützt ein Hochblatt die Blüten des Aronstabs vor fremden Blicken.*

Bild 2: *Das Erscheinungsbild im Herbst: Die Fruchtknoten sind zu roten Beeren herangereift. Doch Vorsicht: giftig!*

tenkammer um bis zu 16 Grad Celsius gegenüber der Außentemperatur ansteigen lässt. Diesem warmen Frühlingsduft vermag ein vorbeifliegendes Insekt kaum zu widerstehen und sorgt mit seinem Besuch für die Bestäubung der Blüten.

In unseren dichten Laubwäldern gehört der Aronstab zu den ursprünglich heimischen Stauden, welchen nur die kurze Vegetationszeit im Frühling zwischen den Winterfrösten und der Dunkelheit des geschlossenen Laubdaches zu Wachstum und Blüte zur Verfügung steht. So ist denn auch im Sommer kaum noch etwas von ihm zu sehen, bis sich im Herbst die roten, giftigen Beeren auf einem mittlerweile blattlosen Stiel wiederfinden lassen.

Bild 3: *Das aufgeschnittene Hochblatt gewährt einen Blick in die Blütenkammer: oben ein Kranz aus violetten Staubblättern, darunter zahlreiche Fruchtknoten.*

Der Priesterstab Aarons

Die deutsche und auch die botanische Bezeichnung dieser Pflanzengattung gehen auf das ägyptische „ar" zurück, aus dem das griechische „aron" entstand. Gemeint war damit die Natterwurz, eine andere im Mittelmeergebiet heimische Art eines Aronstabes. Im frühen Mittelalter erkannte man den Gleichklang der Namen und brachte diese Pflanzen in Zusammenhang mit dem legendären Aaron des Alten Testaments, dem älteren Bruder des Moses und ersten Hohenpriester Israels. Seither betrachtet man den dunklen Blütenkolben als Symbol für den Priesterstab Aarons, welcher in die Erde gesteckt zu blühen begann und später Mandeln trug.

Der in allen Pflanzenteilen giftige Aronstab findet in der Schulmedizin keine Anwendung, selbst die Volksmedizin lässt mittlerweile davon ab. Lediglich in homöopathischer Dosierung wird er noch heute bei Erkrankungen der Atemwege und des Nervensystems sowie bei Gastritis eingesetzt.

Im Aberglauben unserer Vorfahren galt die Pflanze als vorzügliches Mittel zur Abwehr von Hexen und Druden (Hausgeister). Zu Häusern, unter deren Türschwelle ein Aronstab vergraben lag, fanden solcherlei Dämonen keinen Zugang. Auch im Liebeszauber sollte ein mit sich getragenes Wurzelstück seine Wirkung nicht verfehlen. Schönheit und Begehrlichkeit waren einem gewiss.

Der Baldrian

Beim Gemeinen Baldrian (Valeriana officinalis) handelt es sich um eine jener Pflanzen, bei der sich die gelehrten Botaniker nicht ganz einig werden, ob es sich denn bei den mittlerweile über 50 gefundenen Unterarten, Varietäten und Formen tatsächlich nur um eine einzige Pflanzenart handelt. Das Gesamtareal dieser diversen Kleinarten verteilt sich auf Europa und das gemäßigte Asien. Eine dieser Varianten ist der eigentliche Arznei-Baldrian, welcher von dem berühmten schwedischen Botaniker Carl von Linné erstmals wissenschaftlich beschrieben und benannt wurde. Allerdings ist nicht sicher bekannt, ob diese Variante im Saarland überhaupt vorkommt, andere jedoch sehr wohl. Solche botanischen Feinheiten sollten uns bei den folgenden Betrachtungen allerdings nicht weiter stören.

Von Wieland, dem heilkundigen Schmied

Die Herleitung des deutschen Namens Baldrian sowie der wissenschaftlichen Bezeichnung Valeriana ist ebenfalls eher umstritten denn eindeutig. Der botanische Name fehlt im klassischen Latein. Man könnte ihn aufgrund der medizinischen Wirkung der Pflanze aus dem lateinischen valére (gesund sein, wert sein, sich wohlbefinden) ableiten. Die Isländer nennen das Kraut Vilantsjurt, die Dänen Velandsurt, zu Ehren des altger-

Bild 4: *Das Erscheinungsbild des Gemeinen Baldrians ist zu vielseitig, als dass es die Botaniker bei einer Pflanzenart belassen konnten. Hier der so genannte Schmalblättrige Arznei-Baldrian (Valeriana wallrothii).*

manischen Sagenhelden Wieland, dem heilkundigen Schmied. Vielleicht hat man sich hier angelehnt. Dann könnte Baldrian aus Valeriana durch Eindeutschung hervorgegangen sein. Zum Umkehrschluss kann man gelangen, wenn man bedenkt, dass die Schweden die Pflanze seit Alters her zu Ehren eines nordischen Gottes „Balders Kraut“ nennen.

Der Baldrian ist namensgebend für eine ganze Pflanzenfamilie, nämlich die der Baldriangewächse, zu denen etwa auch unser bekannter Feldsalat, mancherorts auch Mausohr oder Rapunzel genannt, gehört.

Für Stimmung, Leistung und Konzentration

„Officinalis“ im wissenschaftlichen Artnamen deutet auf eine medizinische Verwendbarkeit der Pflanze hin, werden doch die diversen pflanzlichen Heildrogen bereits seit geraumer Zeit in der „Offizin“, dem Verkaufsraum der Apotheke, der heilsuchenden Kundschaft angeboten. Die in der Wurzel enthaltenen Inhaltsstoffe, insbesondere die so genannten Valepotriate, wirken beruhigend, erregungsdämpfend und krampflösend bei gleichzeitiger Steigerung des Leistungsvermögens und der Konzentrationsfähigkeit und dies auch bei längerer Anwendung ohne Nebenwirkungen oder Gewöhnungseffekt. Zahlreiche Tees enthalten Baldrianwurzel, wie Beruhigungs-, Nerven- oder Darmtee. Die Wirkstoffe der Pflanze sind heute unter anderem in Baldrianperlen, Baldrianwein und diversen Badezusätzen enthalten.

Gegen Seuchen und Hexen

Die widerlich nach Katzenkot riechende Wurzel war unseren Altvorderen im Mittelalter auch als Zauberpflanze von Bedeutung. Gemäß dem damaligen Volksglauben konnte sie angehexte Krankheiten, wie etwa die Pest, bannen. „Baldrian und Bibernell hält die Pestilenz zur Stell...“ sang man im Volkslied. Mit okkulten Sprüchen wie „Baldrian, Dost und Dill, kann die Hex’ nicht wie sie will.“ und einer entsprechenden Räuchermixtur war es sogar möglich, „besessenen Geisteskranken“ den Teufel auszutreiben. Ihre wundersamste Wirkung erzielte man, wenn man ihren Saft mit dem Pulver eines in einem Wiedehopfnest gefundenen Steines mischte. Dieses „Mixtum compositum“ hatte die Kraft, ein damit bestrichenes Tier trächtig zu machen und es ein schwarzes Nachkommen gebären zu lassen, mit dem man jeden, dem man es vor die Nase hielt, zu Boden werfen konnte.

Zum Abschluss noch ein wohlgemeinter Rat aus der Literatur über Liebestränke und Aphrodisiaka: Aufgrund der erregungsdämpfenden und beruhigenden Wirkung sollte der Baldrian möglichst aus solchen Rezepturen ferngehalten werden.

Bild 5: *Wohl weniger aus therapeutischen Gründen labt sich ein Insekt am Blütennektar des Arznei-Baldrians.*

Der Beifuß

Der „Neunkräutersegen", ein kulturhistorisch wichtiges Schriftdokument der angelsächsischen Sprache vermutlich aus dem 11. Jahrhundert, beschwört neun im damaligen Aber- und Zauberglaube bedeutsame Pflanzen. Das Gedicht ist ein merkwürdiges Gemisch aus antiken, heidnisch-germanischen und christlichen Elementen. Gemäß einer Übersetzung (Johannes Hoops, 1889) handelt die erste Strophe vom Beifuß: „Erinnere du dich, Beifuß, was du verkündetest. ... Una heißt du, das älteste der Kräuter. ... du hast Macht gegen Gift und gegen Ansteckung, du hast Macht gegen das Übel, das über das Land hinfährt".

Der Göttin Artemis geweiht

Bereits zur Zeit der Antike war den Griechen dieses „älteste der Kräuter" unter dem Namen „artemísia" eine bedeutende Pflanze. Sie weihten es ihrer jungfräulichen Göttin Artemis (die römische Diana), der keuschen Göttin der Jagd und Fruchtbarkeit. Im Übrigen bedeutet das griechische Wort „artemés" zu deutsch frisch, jung und gesund. Die heutige Botanik hat diesen Namensursprung gewürdigt und nennt die in unserer Region sehr häufige Pflanze Artemisia vulgaris. Dabei steht das lateinische vulgaris (gewöhnlich) zur Abgrenzung des Beifußes gegen die vielen anderen Arten, welche heute unter der Gattung Artemisia geführt werden, darunter der Wermut (Absinth), der Estragon und die Eber-

Bild 6: *Der Beifuß findet sich gerne an Weg- und Straßenrändern, wie hier am Leinpfad der Saar zwischen Saarbrücken und Völklingen.*

raute. Gemeinsam ist den meisten Arten ein intensiver Geruch sowie der Gehalt an dem ätherischen Öl Thujon, welchem unter anderem toxische, wurmtötende, narkotische und abtreibende Wirkung nachgesagt wird. In therapeutischen Mengen genossen, sollte dies allerdings nicht davon abhalten, diese Pflanzen als Arznei oder Gewürz zu verwenden. Insbesondere der Beifuß darf an keinem Gänsebraten fehlen. Unsere Ahnen bezeichneten ihn im Mittelhochdeutschen noch als „bibôz". Gewürzkräuter wurden nämlich zur Zerkleinerung „gestoßen" (mittelhochdeutsch: bôzen). Der Volksmund hat dieses Wort zu Beifuß gewandelt, wohl unterstützt durch den bereits beim antiken Schriftgelehrten Plinius erwähnten Glauben, die Pflanze helfe um Bein oder Fuß gebunden gegen Ermüdung bei langen Märschen.

Bild 8: *Ab Juli bilden sich an den Triebenden unscheinbare Knäuel, ein jedes mit mehreren winzigen Blüten bestückt, ein Indiz für die Zugehörigkeit des Beifußes zu den Korbblütlern.*

Bild 7: *Bis knapp ans Wasser wagt sich diese Pflanze. Der Kontrast verdeutlicht die unterseits weißfilzigen Blätter.*

Pflanze der Magie

Viele Artemisia-Arten spielten eine bedeutsame Rolle in den unterschiedlichsten Kulturen der Welt. Die Indianer Nord- und Mittelamerikas, die alten Griechen, Römer und Ägypter sowie die Chinesen im fernen Osten nutzten die diversen Arten zu zahlreichen Kultzwecken in ihrem vom Aberglauben geprägtem Brauchtum. Vermutlich bereits beim indogermanischen Urvolk hatte der Beifuß magische Bedeutung, deren Reste in Form von unzählbaren kultischen Handlungen noch lange auf die keltischen, baltischen, slawischen und germanischen Völker nachwirkte. Unter seinem Namen Suwendgürtel wurde er dort etwa als Flechtwerk beim Tanz um das Sonnenwendfeuer zur Vertreibung von Geistern und Dämonen um die Lende getragen. Insbesondere stand er in gleichsam therapeutischer wie magischer Beziehung zur Weiblichkeit. So wurde das Kraut zur Regulierung der Menstruation, gegen Wechseljahrsbeschwerden, zur Erleichterung der Geburt aber auch als Mittel zur Abtreibung genutzt.

Als Nachfolgerin der keuschen Göttin Artemis erwählten die Christen ihre Jungfrau Maria und so gehört der Beifuß noch heute zu den so genannten Marienkräutern. In der berühmten Kathedrale von Reims sind die Säulenkapitelle mit dem Blattwerk solcher Pflanzen verziert, darunter deutlich erkennbar Wein, Feige, Lorbeer und Beifuß.

Der Beinwell

Der Echte Beinwell (Symphytum officinale) stammt vermutlich ursprünglich aus der pontischen Region des nördlichen Kleinasiens und hat sich dann erst in historischer Zeit über Mittel- und Nordeuropa ausgebreitet. Mittlerweile ist er auch in Nordamerika verwildert. Man findet ihn an feuchten, offenen Stellen, oftmals in Fluss- und Bachtälern.

Umschlag bei Knochenbrüchen

Diese „offizinelle“, das heißt in der Heilkunde verwendete Pflanze, ist ein Paradebeispiel dafür, wie sich das uralte Wissen unserer Urahnen um die Heilkraft manchen Krautes auch durch unsere moderne wissenschaftlichen Methoden bestätigt hat. Dabei wäre es falsch, beim Namen Beinwell an unseren heutigen Begriff Bein zu denken. Gemeint ist hier der ursprüngliche Sinn des althochdeutschen „pein“ als Knochen, welches dann im Mittelhochdeutschen zum „bein“ wurde (englisch: bone, holländisch: been) und sich erst später zur heutigen Bedeutung gewandelt hat. In unseren Wörtern Elfenbein, Schlüsselbein, Nasenbein, Beinhaus und Gebeine finden wir das „Bein“ noch in seinem ursprünglichen Sinn. Der Name Beinwell erklärt sich nun dadurch, dass die Wurzel der Pflanze bereits vor langer Zeit in Form eines Breiumschlages bei Knochenbrüchen gebraucht wurde. Die zweite Silbe „well“ leitet sich dabei vom althochdeutschen „wallen“, das heißt zusammenheilen, ab. Dies erklärt auch einen weiteren Namen, die „Große Wallwurz“, für unseren Echten Beinwell. Auch die wissenschaftliche Bezeichnung Symphytum rührt von dieser heilversprechenden Verwendung her, entstammt sie doch dem griechischen Wort für zusammenwachsen: symphýein.

Bild 9: *Wer den Beinwell kennt, weiß auch um die rauhe Behaarung seiner Blätter. Dieses Merkmal teilt er mit vielen seiner Brüder und Schwestern aus der Pflanzenfamilie der Rauhblatt- oder Borretschgewächse.*

Wie Maden in der Wunde

Heute weiß man, dass insbesondere der Inhaltsstoff Allantoin, welcher in keiner anderen Pflanze derart reich vorhanden ist, für die Wirksamkeit des Beinwells verantwortlich ist. Wie zu alten Zeiten wird er auch in der heutigen modernen Pflanzenheilkunde (Phytotherapie) als Zusatz zu Umschlägen bei Knochenschäden, Wunden und Geschwüren verwendet. Das Allantoin löst dabei Wundsekrete auf, verflüssigt Eiter und regt zur Gewebeneubildung an. Heutzutage werden sogar zu diesem Zwecke Allantoin ausscheidende Fliegenmaden in schlechtheilende eiternde Wunden eingesetzt. Auch Zerrungen, Verstauchungen und Verrenkungen sprechen auf Umschläge oder Salben mit Beinwell an. Von der

Bild 10: *Die einzelnen Blüten des Beinwells sind zu eingedrehten Blütenständen vereint, deren spezielle Form von den Botanikern als Wickel bezeichnet wird, ein weiteres Merkmal dieser Pflanzenfamilie.*

inneren Anwendung etwa in Form eines Teeaufgusses der Blätter oder Wurzel gegen Lungenleiden (Bluthusten), Nierenblutungen, Durchfälle oder Magen- und Darmgeschwüre, wie noch in der alten Volksmedizin empfohlen, wird heute allerdings wegen einer vermuteten leberschädigenden und gar krebserregenden Nebenwirkung abgeraten.

Zu früheren Zeiten wurde der Beinwell durchaus auch zur Ernährung genutzt. Seine durch einen Mantel aus Kork schwarz gefärbte Wurzel wurde geschält wie Spargel gegessen, daher auch sein weiterer Name Schwarzwurzel, welche allerdings nicht mit der heute auch als solche bezeichneten identisch ist.

Ein weiterer Nutzen aus dem alten Volksglauben sei hier unkommentiert in zeitgenössischer Sprache wiedergegeben: „Wenn man dies Kraut samt der wurtzel wol in dem Wasser zu einem Bad siedet, und die jungen Wittweiber darinnen bisweilen baden macht, so werden sie wider gleich als die Jungfrauen.“

Die Blutwurz

Die Pflanzengattung der Fingerkräuter (Potentilla) ist mit etwa 500 Arten nahezu auf der ganzen Welt verbreitet. Ihren deutschen Namen haben diese Rosengewächse von der Gestalt ihrer Blätter, welche in meist fünf Blättchen geteilt ein handförmiges Aussehen erhalten. In unserer Region finden sich etwa ein Dutzend heimische Arten dieser Gattung, darunter auch die recht häufige Blutwurz, auch Kraftwurz, Tormentill und Terpentill genannt. Während die anderen Arten jeweils fünf Kronblätter pro Blüte aufweisen, ist die Blüte der Blutwurz leicht an ihren lediglich vier Kronblättern zu erkennen. Das in ganz Europa und Asien verbreitete Kraut findet man in Wiesen, Heiden und Gebüschen vom Tiefland bis in die alpine Stufe der Gebirge. Dabei erstaunt, dass sie sowohl die Staunässe von Mooren und Sümpfen als auch die Trockenheit von Heiden und lichten Kiefernwäldern auf dürftigem Sandboden verträgt. Ihr wissenschaftlicher Artname Potentilla erecta leitet sich zwar vom lateinischen erectus (aufrecht) ab, allerdings gibt es bei der Pflanze sowohl aufrechte als auch niederliegende Wuchsformen.

Bild 11: *Die Festlegung auf jeweils vier Blüten-Kronblätter ist bei den Rosengewächsen eher eine Ausnahme und macht diese auf dem Boden kriechende Pflanze leicht als Blutwurz erkenntlich.*

Mächtige Wirkung

Das lateinische Potentilla ist eine Verkleinerungsform von poténtia (Macht) und geht vermutlich auf die „mächtige" Heilwirkung des ebenfalls in unserer Region heimischen Gänse-Fingerkrautes (P. anserina) zurück, welches zu früheren Zeiten den Namen Potentilla alleine trug. Dieser Macht mag unsere Blutwurz allerdings in Nichts nachstehen. Aufgrund ihres hohen Gerbstoffgehaltes findet sie bis heute Anwendung in der Schulmedizin, innerlich gegen Durchfälle bei unspezifischen Darmerkrankungen sowie äußerlich bei Schleimhautaffektionen des Mundes und des Rachens.

Bei der Blutwurz handelt es sich um die wichtigste und ergiebigste deutsche Gerbstoffdroge. Allerdings scherten sich unsere Vorfahren in ihrer diesbezüglichen Unwissenheit nicht um Inhaltsstoffe und Moleküle. Ihnen sprang eher die blutrote Farbe des Wurzelstockes (eigentlich nicht die Wurzel, sondern der unterirdische „Erdspross", botanisch: das Rhizom) ins Auge, was ihnen als göttliches Zeichen der innewohnenden Kräfte und Mächte dieser Pflanze galt. Frisch aufgeschnittenen Rhizomen wurde sogar ein eigenständiges Leuchten nachgesagt, was die Wunderkraft der Blutfarbe für die Abergläubigen noch verstärkte. „Braucht Bibernell und Terpentill, so wird der Tod bald stehen still", sprach der Volksmund und gebrauchte die Blutwurz gegen jedwede todbringende Krankheiten, wie Pest, Cholera und insbesondere die Ruhr. Von der Ruhr (lateinisch: tormina) leitet sich schließlich ihr Name Tormentill ab. Gemäß der Volksweisheit „Nehmt Bibernell und Tormentill, wer sein Viehchen retten will" war der Einsatz der Heilpflanze nicht nur auf Menschen beschränkt.

Die Farbe des Blutes

Im Naturverständnis unserer Altvorderen war die Blutfarbe des Wurzelstockes auch ein Zeichen für ihre spezielle Anwendungsmöglichkeit bei äußeren und inneren Blutungen. So schreibt der heilkundige Mönch Otto Brunfels (1488-1534) in einem seiner Kräuterbücher: „Tormentill ist aller köstlichst blutstillung, ein secret der frauen iren blumen (Menstruation) zu stillen." Zu gegenteiligem Schluss kommt man allerdings gemäß eines Rezeptes aus einem alten mährischen Zauberbuch: „Wenn eine Jungfer ihre Zeit nicht hat: Brenn ein Stücklein von einem Mannshemd in Zunder, mische es mit gleich viel Pulver von Tormentillkraut, Hauswurz und Lilienoel, dem weißen. Dies gib ihr ein." In der Not frisst der Teufel Fliegen.

Bild 12: *Von wegen vier Kronblätter! Nicht immer lässt sich die Natur so leicht in die Karten schauen, macht hier mal vierblättrige Kleeblätter, dort mal fünfkronblättrige Blüten bei der Blutwurz.*

Die Brennnessel

Was für ein breites Spektrum an Nutzen uns doch die Brennnessel beschert. Aber wer hat sie nicht auch schon verflucht, will sie sich doch eigentlich nicht benutzen, ja gar nicht erst berühren lassen und straft denjenigen, der ihr zu nahe kommt, mit dem Einsatz ihrer Brennhaare. Einer Giftspritze gleich, injizieren diese dem vermeintlichen Feind ein Gemisch an Substanzen, darunter auch die bekannte Ameisensäure, welche dem Störenfried ein unangenehmes Brennen verursachen. Als „am meisten verhasste aller Pflanzen“ hat sie deswegen bereits der antike Dichter Plinius der Ältere betitelt.

In unserer Region können wir zwei Brennnessel-Arten unterscheiden, die allseits bekannte und überall verbreitete Große Brennnessel (Urtica dioica) und die seltenere Kleine (Urtica urens). Die botanischen Namen leiten sich von dem lateinischen úrere (brennen) ab. Die Große ist meistens eingeschlechtlich (botanisch: „diözisch“, daher der Artname „dioica“), das heißt, es gibt rein männliche und rein weibliche Pflanzen. Meist taucht sie in der Nähe menschlicher Siedlungen auf, insbesondere dort, wo wir reichlich Nährstoffe hinterlassen: auf Schuttplätzen, Viehweiden, Komposthaufen, an Wegrändern und Ufern. Dem Gärtner und dem Bauern gilt sie daher auch als ausgezeichneter Stickstoffzeiger.

Bild 13: *So anmutig, grazil und zerbrechlich sie hier auch erscheinen mag, sie weiß sich durchaus zur Wehr zu setzen. Aber warum sich über sie ärgern? Freunden wir uns doch einfach mit ihr an, dort, wo sie uns nicht stört.*

Bild 14: *An allen Pflanzenteilen erwarten den Feind die kleinen, giftgefüllten Haarnadeln.*

Altgediente Faserpflanze

Ihre Bezeichnung als Nessel (althochdeutsch: nezzila) rührt vermutlich von ihrer früheren Verwendung als Faserpflanze her. In einem mühsamen Verfahren wurden die Bastfasern isoliert und zu einem feinen Netz (althochdeutsch: nezzi) verwoben. Die mehrfachen, erfolglosen Versuche einer industriellen Nutzung wurden in Deutschland aber spätestens mit der Einfuhr der Baumwolle eingestellt.

Die Gärtner wissen aus in Wasser eingelegten Brennnesseln ein Mittel gegen Blattläuse (kurze Einwirkzeit) und gleichsam einen hervorragenden, wenn auch arg stinkenden Düngeguss (lange Einwirkzeit) für ihre Nutzpflanzen zu brauen.

Die jungen Pflanzentriebe der Brennnessel können im Frühjahr als Gemüse zubereitet werden. Zu alten Zeiten galt eine Kräutersuppe oder ein Spinat daraus als kraft- und gesundheitsverleihende Kultspeise, insbesondere am Gründonnerstag. Auch in der Heilkunde spielt unsere Pflanze seit Alters her eine bedeutsame Rolle. Die Phytotherapie (Pflanzenheilkunde) nutzt sie bis heute als harntreibendes Mittel bei Rheuma und Gicht. Das Gift der Brennhaare findet auch äußerliche Anwendung bei neuralgischen und rheumatischen Schmerzen. Neben dem Einreiben mit Brennnessel-Spiritus soll hierfür das Schlagen der betroffenen Körperteile mit frischen Brennnesseln hilfreich sein.

Gegen Sauerbier

Die germanische Mythologie weihte unsere Pflanze dem Gewittergott Donar. Daher rührt ihr weiterer Name Donnernessel. Mit ihr glaubte man, sich vor gefürchtetem Blitzschlag schützen zu können. Dass beim Bierbrauen bei schwülwarmer Gewitterlage das Bier (wie auch die Milch) sauer wurde, schrieb man zu alten Zeiten der Wirkung des Donners zu. Ein Strauß Brennnesseln über dem Rand des Gärbottichs sollte dies verhindern und tat dies vielleicht sogar tatsächlich, weil die Säuren der Brennnessel die durch die warme Witterung geförderte Entwicklung der Essigsäure-Bakterien verhindern können.

Gemäß eines alten Liebeszaubers braucht man, um die Zuneigung seiner Herzensdame zu gewinnen, lediglich eine Brennnessel an einem Freitagmorgen mit dem Namen der Geliebten zu besehen, mit Salz zu bestreuen, auszugraben und in die Glut zu werfen. Wer's ausprobiert, wird sich vermutlich gehörig in die Nesseln setzen.

Bild 15: *Der kalte Rauhreif vermag ihren kräftigen Austrieb nicht aufzuhalten.*

Bild 16: *Der Echte Ehrenpreis findet sich vorwiegend in unseren lichten Wäldern. Daher rühren seine weiteren Namen Wald-Ehrenpreis und Köhlerkraut.*

Der Ehrenpreis

Die botanische Gattung Veronica (Ehrenpreis) ist im Saarland mit zahlreichen Arten vertreten. Besonders oft anzutreffen sind Quendel-, Bachbungen-, Gamander- und der Persische Ehrenpreis. Ebenfalls häufig in unserer Region ist der eigentlich Echte Ehrenpreis (Veronica officinalis), eine altbekannte Heilpflanze, welcher wir die deutsche Bezeichnung für diese Gattung zu verdanken haben. Erstmals wurde dieser Rachenblütler von dem Botaniker Hieronymus Brunschwyg im Jahre 1500 unter dem Namen „Erenbris" schriftlich erwähnt.

Legendäre Namensgebung

Wie könnte es anders sein, ranken sich auch um diese Namensgebung diverse Legenden. Eine davon erzählt von einem französischen König, den ein zu damaliger Zeit unheilbarer Aussatz plagte. Als ein Hirte aus seinem Volk davon hörte, erinnerte sich dieser an ein Schaf seiner Herde, welches beim Angriff eines Wolfes schwere Verwundungen erlitten hatte. Das Tier heilte sich selbst, indem es von einem bestimmten Kraut auf der Weide fraß und seine Wunden an selbiger Pflanze rieb. Nach wenigen Tagen waren alle Verletzungen verschwunden. Der Schäfer brachte dem König jene Pflanze und bestrich mit deren Saft die vom Aussatz betroffenen Körperteile, welche daraufhin binnen kurzer Zeit ausheilten. Der Hirte wurde reich belohnt und der König verfügte, dass die heilbringende Pflanze fortan „Ehrenpreis" zu nennen sei.

Ihr botanischer Name Veronica geht wahrscheinlich ebenfalls auf die heilbringende Wirkung zurück. Aus dem lateinischen „vera unica", die „einzig Wahre", könnte man ihn ableiten. Andere Autoren vermuten, dass die Bezeichnung Veronica durch eine Verwechselung aus einer nach dem keltischen Stamme der Vetonen benannten Pflanze „Vetonica" entstanden sei. Bei dieser handelt es sich aber um unsere heutige Betonie (Stachys betonica).

„Eßt's nur brav Ehrenpreis und Pimpernell, dann bleibt's gesund, sterbt's nöt so schnell" ist uns als alte Volksweisheit überliefert. Als „Allerweltsheil" hat unser Echter Ehrenpreis allerdings heute einen Großteil seiner historischen Vorschusslorbeeren eingebüßt. Unter der Drogenbezeichnung „Herba Veronicae" ist er zwar noch als Husten- und Durchfallmit-

Bild 17: *Der Gamander-Ehrenpreis wächst eher auf Wiesen und am Wegesrand. Der Volksmund vergleicht seine blauen Blüten gerne mit Tieraugen. Darauf beruhen Namen wie Katzenäuglein, Gänseägelchen, Hennenäugli und Fröschegückele.*

tel in der Apotheke erhältlich, seine gemäß der alten Volksmedizin indizierten Anwendungsgebiete sollen aber von anderen Pflanzen weitaus spezifischer und besser abgedeckt werden. Dessen ungeachtet wurde das Kraut auch bei Zahnleiden eingesetzt, ist es doch (wie auch der Eisenhut) mit der weiteren Namensgebung „Apolloniawurzel" der Schutzpatronin gegen Zahnschmerzen, der Heiligen Apollonia, geweiht.

Gewitterblume im Aberglauben

„Ehrenpreis macht dem Deiwel de Ohre heiß", sagten unsere Vorfahren und versuchten einem alten Zauberglauben gemäß mit dem Kraut Teufel und Hexen von sich fern zu halten. Die eifrigen Kräutersammler sollten allerdings den Echten nicht mit dem Gamander-Ehrenpreis (Veronica chamaedrys) verwechseln. Diese mancherorts als Gewitterblume bekannte Pflanze darf nämlich nicht gepflückt oder gar mit nach Hause getragen werden, da man ansonsten ein Unwetter heraufbeschwört und einen der Blitz treffen wird. Der Volksmund kennt den Gamander-Ehrenpreis auch unter dem Namen Mannstreu. (Eigentlich ist die botanische Gattung Eryngium das echte Mannstreu). Verwiesen werden soll damit auf deren bei leichter Berührung abfallenden Blütenblätter, eine ironische Anspielung auf die standhafte Treue der Männer.

Die Einbeere

Bild 19: *Vierzählige Einbeere: 4 Laubblätter, 2 mal 4 Blütenblätter, 2 mal 4 Staubblätter und 4 Fruchtblätter*

Eine unserer wenigen ursprünglich heimischen Wildblumen ist die Einbeere, denn sie braucht die vom Menschen geschaffene Kulturlandschaft nicht. Sie lebt als schattenverträgliches, niederes Kraut in den Laub- und Nadelwäldern Europas und Asiens. Im Saarland finden wir sie am häufigsten in feuchten Eichen-Hainbuchen-Wäldern auf basenreichen Böden. Ihr äußeres Erscheinungsbild macht die Staude unverwechselbar. Auf kurzen Stielen, welche einem unterirdisch kriechenden Spross (Rhizom) entwachsen, sitzen jeweils vier gleiche Laubblätter kreuzweise angeordnet, was ihr weitere Namen, wie Kreuzblatt oder Kreuz-Christi eingebracht hat. Die im weitesten Sinne zu den Liliengewächsen gehörige Pflanze bringt im Frühjahr an jedem dieser Triebe lediglich eine zentrale Blüte hervor, welche bald zu einer blauschwarzen, kirschartigen Beere heranreift. Mit ihrem Namen Einbeere kann man es wohl treffender kaum beschreiben. Auch die wohlklingende, botanische Bezeichnung Paris quadrifolia deutet auf eines ihrer unverwechselbaren Kennzeichen hin (quadrifolia: vierblättrig).

Die Schwester der Tollkirsche

Unsere Urahnen sahen in ihr die kleine Schwester unserer Tollkirsche, was auch mit einer alten Namensgebung als „Dollbeere“ zum Ausdruck kommt. Allerdings reicht unsere durchaus giftige Einbeere an das Wirkspektrum der Tollkirsche nicht heran. Zudem warnt die Beere ihren ahnungslosen Genießer, welcher sie vielleicht mit einer Heidelbeere verwechselt, durch ihren widerlichen Geschmack. Mit Übelkeit, Erbrechen und Durchfall ist der Fraßfeind meist bestraft genug. Todesfälle sind recht selten.

Bild 18: *Einbeeren im Schatten des Waldes*

Als Heilpflanze tritt die Einbeere kaum in Erscheinung. Lediglich die alte Volksmedizin griff hie und da auf sie zurück und auch die heutige Homöopathie weiß sie gelegentlich noch zu verwenden. Ihre heilende Wirkung gegen die Pest ist dagegen eher einem Aberglauben zuzuschreiben. Demgemäß sollte sie unter Beschwörungsformeln zwischen den so genannten Frauentagen (Mariä Himmelfahrt und Mariä Geburt) gepflückt werden.

Der Zankapfel der Eris

Doch nun zu ihrem botanischen Gattungsnamen Paris, dessen älteste schriftliche Erwähnung auf die Kräuterbücher von Matthiolus und Lonicerus aus dem 16. Jahrhundert zurückgeht. Wegen der Regelmäßigkeit der Vierzahl bei Blättern und Blütenteilen könnte man ihn aus dem lateinischen „par“ (gleich) ableiten. Eine andere Version erzählt von dem homerischen Helden Paris, dem Sohn des trojanischen Königs Priamos. Eris, die griechische Göttin der Zwietracht, hatte mittels ihres Zankapfels (Erisapfel) einen Streit unter den Göttinnen Hera, Aphrodite und Pallas Athene um den Ruf der Schönsten heraufbeschworen. Paris sollte entscheiden und wählte Aphrodite, welche ihm zum Lohn die schöne Helena aus Griechenland versprach. Der Königssohn entführte daraufhin die hübsche Griechin, was gemäß der Dichtung Homers den Anlass zum trojanischen Krieg gegeben hatte. Zur Erinnerung an diesen Ausgangsstreit soll unsere Einbeere symbolhaft stehen. Die vier Blätter stellen die drei streitenden Göttinnen sowie den Schiedsmann Paris dar, die Beere in der Mitte den Zankapfel der Eris.

Das Eisenkraut

Der Alchemist, Astrologe und Mediziner Leonard Thurneysser (1531-1596) gibt in seinem Kräuterbuch den auf Brautschau befindlichen Junggesellen folgende Empfehlung: „verbeen, agrimonia, madelger, charfreytags graben, hilft dir sehr, dass dir die frawen werden hold, doch brauch kein eisen, grabs mit goldt!" Gemäß diesem uralten Aberglauben wird solch wundersame Kraft den eingangs genannten Pflanzen, dem Eisenkraut (verbeen), dem Odermennig (agrimonia) sowie dem Kreuz-Enzian (madelger) zugeschrieben.

Niemals mit Eisen berühren

Insbesondere dem Eisenkraut (Verbena officinalis) wird noch weiterer Zauber nachgesagt. Alle durch Eisen verursachten körperlichen Wunden lassen sich durch seine zusammenziehende Kraft heilen. Seine volle Wirkung lässt sich aber nur erzielen, wenn es unter Einhaltung festgelegter Rituale der Erde entnommen wird. So muss es nach dem Ausgraben an Ort und Stelle liegen bleiben, bis Morgentau darauf gefallen ist, während sein Besitzer daneben wacht. Erst kurz vor Sonnenaufgang darf man es mit sich nehmen. Mit Eisen sollte es niemals in Berührung kommen, sonst war alle Mühe vergebens. Seine Kraft vermag auch die seelischen Wunden nach Streitigkeiten und Kriegen zu heilen. Die Pflanze galt als Sinnbild der Versöhnung und des Friedens. Jedoch geht dieser Glaube nicht auf germanische Ursprünge

Bild 20: *Das kleinblütige Eisenkraut hat einen recht drahtig-sparrigen Wuchs. Hierzulande liebt es die Wärme der Täler von Saar und Mosel.*

zurück. Vielmehr trugen bereits zur Zeit der Antike die zum Friedensschluss gesandten Unterhändler einen Zweig „Verbenae“ bei sich oder waren sogar damit bekränzt, was solche Parlamentäre zudem noch unverwundbar machen sollte. Unter ihrem Verbenae verstanden die alten Römer allerdings Zweige von Ölbaum, Lorbeer, Myrte, Tamariske oder Zypresse.

In unserer Region findet man das Eisenkraut vorwiegend im Tal von Saar und Mosel. Es liebt warme Standorte auf Weiden, an Flussufern, an Wegrändern, auf Schuttplätzen und an Mauern. Ursprünglich wahrscheinlich nur im Mittelmeergebiet beheimatet hat es sich als Kulturbegleiter des Menschen über die ganze Welt verbreitet. Der schwedische Botaniker Carl von Linné hat der ein- bis mehrjährigen Pflanze ihren wissenschaftlichen Gattungsnamen Verbena gegeben, dessen Ursprung vermutlich auf ein bis heute ungedeuteten keltischen Begriff zurückgeht. Ihren deutschen Namen Eisenkraut (althochdeutsch: îsarna chrût) erhielt die Pflanze aus der Übersetzung ihres antiken griechischen Namens „sideritis“ (abgeleitet aus sideros: Eisen). Der antike griechische Arzt Dioskurides bezog sich bei dieser Namensgebung vermutlich auf die zähen, festen Stängel der Pflanze.

Bild 21: *Unser Eisenkraut ist der einzige heimische Vertreter der nach ihm benannten Pflanzenfamilie der Eisenkrautgewächse, zu denen auch so beliebte exotische Zierpflanzen wie die Lantanen (Wandelröschen) gehören.*

Alte Kultpflanze

Das Eisenkraut gilt in vielen Kulturen der Alten Welt als Zauberpflanze mit hoher Symbolkraft. Den alten Ägyptern galt die Pflanze als „Träne der Isis“. Die Magier der Perser hielten während ihres Gebetes zur Sonne einen Zweig von ihr in der Hand und die Druiden opferten der Erde, bevor man sie ausgrub. Als Heilpflanze war sie unseren Ahnen dagegen kaum von großem Gebrauch. In der Volksmedizin wurde sie als Hausmittel gegen allerlei Krankheiten gelegentlich eingesetzt, ist aber bis heute über den Status eines Teezusatzes kaum hinausgekommen.

Einer ihrer vielen Wirkungen im alten Zauber- und Aberglauben wäre uns wohl heute gerne wahrhaftig, soll das Eisenkraut doch die Fähigkeit besitzen, Kindern Verstand und Lust am Lernen zu geben.

Der Färberwaid

Eine recht häufige Pflanze in unserer Region ist er ja gerade nicht, der Färberwaid, aber eine außerordentlich bedeutsame hinsichtlich unserer kulturellen Entwicklung, liegt es doch wohl im Urwesen des Menschen, seinen Körper bzw. seine Kleidung aus verschiedensten Gründen färben zu wollen (z.B. zum Tarnen, Abschrecken, Schmücken oder Prahlen). Bereits Kelten und Bretonen bemalten sich vor einer Kriegsschlacht mit dem einzigartigen blauen Farbstoff des Färberwaids. Schließlich sind die Briten gar nach dem keltischen Wort „brith" für Farbe benannt.

Die zwei- bis mehrjährige Pflanze, oftmals lediglich als Waid bezeichnet, stammt wohl ursprünglich aus den Steppengebieten Mittelasiens und hat sich dann durch Anbau und Verschleppung im größten Teil Europas verbreitet. Sie liebt warme, trockene Standorte auf Bahnschotter, in Steinbrüchen, an Wegen und Rainen. Im Saarland finden wir diese zur Familie der Kreuzblütler gehörende Art nur unbeständig im Nordosten entlang mancher Bahnlinien.

Isatis tinctoria nennt die Wissenschaft diese Pflanze, wobei der Artname dem lateinischen „tinctus" (färben) entstammt. Bereits Hippokrates und Dioskurides gebrauchten die Benennung „isatis" für den Färberwaid. Sprachforscher vermuten gar eine Urverwandtschaft dieses griechischen Namens mit dem germanischen „Waid" sowie dem lateinischen „vitrum", wobei letzteres sowohl diese Pflanze als

Bild 22: *Der Färberwaid im Feldbau: Die blaue Farbe lässt sich allerdings erst nach einem aufwendigen Verfahren aus den Blättern und Stängeln gewinnen.*

Bild 23: *Die Fruchtstände des Waids: Die schwarzen, schotenförmigen Früchte verraten seine Zugehörigkeit zur Familie der Kreuzblütler.*

auch das Glas bezeichnet. Immerhin nimmt man an, dass diese Färbepflanze schon zu vorgeschichtlicher Zeit im indogermanischen Kulturkreis als solche genutzt wurde.

Der blaue Montag

Mancher Betrachter der Pflanze mit ihren gelben Blüten und grünen Blättern mag sich fragen, wo sich denn nun der blaue Farbstoff verbirgt. Auch das Zerreiben irgendwelcher Bestandteile der Pflanze ergibt keinerlei blauen Saft, denn diese enthalten erst die chemischen Vorstufen des eigentlichen Farbstoffes Indigo. Zu dessen Herstellung wurde die Pflanze vor der Blütezeit geerntet, in einer Waidmühle zermahlen und mit Wasser vermengt. Nach einem zweiwöchigen Gärprozess wurde die dickflüssige Masse zu Kugeln oder Kuchen geformt und an der Luft getrocknet. Erst die Gärung und die anschließende Sauerstoffzufuhr lässt das blaue Indigo entstehen. Zum Färben von Garnen und Tüchern wurde das zu färbende Gut direkt in den Färbebottich (Küpe) mit der noch farblosen, gegorenen Waidmasse gelegt. Die Blaufärbung entstand dann von selbst nach dem Aufhängen der Textilien durch Oxidation an der Luft. Dieses Aufhängen und Trocknen war eine kurze, leichte, eigentlich gar keine Arbeit mehr und geschah für gewöhnlich an einem ansonsten arbeitsfreien Montag. Montags nämlich machten die Färber „blau“.

Bild 24: *Das Vorkommen dieser durch den ehemaligen Feldbau eingeschleppten Pflanze bleibt hierzulande auf wenige warme Standorte beschränkt.*

Wohlstand in Thüringen

Im 14. Jahrhundert erlebte der Waidanbau seine Blütezeit. Die Hochburg der Färberzunft lag im thüringischen Erfurt, was dieser Stadt reichlich Wohlstand einbrachte. Letztlich stifteten die Waidhändler ihrer Stadt im Jahre 1392 sogar eine eigene Universität. Die Entdeckung des Seeweges nach Indien durch Vasco da Gama brachte allerdings die Möglichkeit der Einfuhr eines preiswerteren Indigos, gewonnen aus dem dortigen Indigo-Baum, einem Hülsenfrüchtler. Aufgrund diverser Handelssperren wurde die letzte deutsche Waidmühle aber erst 1910 bei Gotha geschlossen.

Der Fingerhut

In seinem Kräuterbuch von 1543 hat kein geringerer als Leonard Fuchs, Professor für Medizin in Tübingen und Namenspatron unserer beliebten Garten-Fuchsien, den Namen Fingerhut für diese Pflanze erstmals schriftlich erwähnt. Die Wissenschaft bezeichnet diese Gattung heute als Digitalis (lateinisch „digitus“: der Finger) und bezieht sich damit ebenfalls auf die Ähnlichkeit der Einzelblüte mit einem Fingerhut. Neben dem hierzulande seltenen Gelben Fingerhut (Digitalis lutea) ist der Rote Fingerhut (Digitalis purpurea) im Saarland recht weit verbreitet. Er fehlt nur in den Muschelkalkgebieten des unteren Bliesgaus und ist im mittleren Saartal eher selten. Die Botanik reiht ihn in die Familie der Rachenblütler ein, deren Blütenformen oft tatsächlich an einen Rachen erinnern – man denke zum Beispiel an das Löwenmäulchen.

Winterannuelle Pflanze

Der Rote Fingerhut ist ein typischer Vertreter der Flora neu entstandener Waldlichtungen, insbesondere in den Bergregionen. Bereits ein Jahr nach einer Rodung oder nach einem naturbedingten Baumfall ragt sein Blütenstand oftmals in mehreren Exemplaren aus dem zunächst niederen Pflanzenbestand seiner Umgebung empor. Dabei ist die Art eine so genannte zweijährige Pflanze, welche im ersten Jahr lediglich eine Blattrosette bildet, um dann im Juni/Juli des folgenden Jahres ihren imposanten Blütenstand hervorzubringen und danach meist abzusterben. Somit erlebt sie tatsächlich zwei Kalenderjahre, allerdings nicht viel mehr als ein Zeitjahr, weshalb man heute eher zu dem Begriff „Winterannuelle“ (einjährige Pflanzen, welche den Winter überdauern) neigt.

Bleibt die Frage, wie unser Roter Fingerhut eine Waldlichtung so schnell „finden“ kann. Nun, er ist bereits seit langem an Ort und Stelle, als vom Wind angewehter Samen, der sehr lange am Boden ausharren kann, bis der Fall eines Waldbaumes genug Licht zur Keimung und zum Wachstum an den nährstoffreichen Waldboden heranlässt.

Heilsames Gift

Doch so schön der Blütenstand auch erscheinen mag, man sollte nicht verkennen, dass es sich beim Roten Fingerhut um eine der giftigsten Pflanzen unserer heimischen Flora handelt. Dabei liegt die tödliche Dosis für einen Erwachsenen bereits zwischen 2,5 und fünf Gramm der getrockneten Blätter. Bei 0,3 Gramm treten schon erste Vergiftungserscheinungen auf, welche aber relativ selten sind, da zum Einen die Pflanze selbst nicht gerade zum Hineinbeißen reizt und sie zum Anderen durch ihren widerlichen Geschmack vom weiteren Verzehr abhält.

Bild 25: *Der Gelbe Fingerhut gedeiht im Vulkanitgebiet des nordöstlichen Saarlandes.*

Bild 26: *Als beliebte Zierpflanze hat der Rote Fingerhut auch in unsere Gärten Einzug gehalten.*

Im ursprünglichen, vom Atlantik klimatisch geprägten Verbreitungsgebiet der Pflanze in Westeuropa war sie allerdings auch in geringen Mengen Bestandteil von allerlei Kräutermischungen zu diversen Heilzwecken unserer Vorfahren, insbesondere auch gegen die Wassersucht. Schließlich erkannte der englische Arzt und Botaniker William Withering im Jahre 1775, dass der eigentlich wirksame Inhaltsstoff einer von einer alten heilkundigen Frau aus dem Volk verwendeten Kräuterrezeptur aus dem Roten Fingerhut stammen musste. Damit war eine der ersten modernen Erfolgsgeschichten der Pharmazie geboren, die ihren Ursprung in der Volksmedizin begründet. Alsbald stellten sich die im Fingerhut enthaltenen Wirkstoffe, die so genannten Herzglykoside, in bestimmter Dosierung verabreicht, als herzkräftigende Medikamente heraus. Dabei wird der Blutumlauf im Körper beschleunigt und krankhafte Wasserstauungen werden über vermehrte Harnabsonderung ausgeschwemmt. Bis heute werden diese Digitalisglykoside aus diversen Fingerhut-Arten gewonnen und retten vielen Menschen das Leben. Auf Grund der extremen Giftigkeit der Pflanze bei falscher Dosierung sei jedoch eindringlichst vor einer Eigenmedikation gewarnt.

Bild 27: *Sehr hartnäckig erträgt das Gänseblümchen sein Dasein auf unseren vielbetretenen Sport- und Liegewiesen. Freunde des „Englischen Rasens“ sehen es jedoch nicht allzu gerne in ihren geschätzten Gräser-Monokulturen.*

Das Gänseblümchen

Eigentlich ist es ja eine recht fantasievolle Vorstellung, unser Gänseblümchen habe seinen Namen, wie mancherorts vermutet, von dem Vergleich mit einer auf einem Beine stehenden Gans auf dem Anger. Die Wirklichkeit ist leider unromantischer. Weil es mit Vorliebe von Gänsen gefressen wird, wurde das kleine Pflänzchen so benannt. Der Volksmund nennt es auch Tausendschön, ein wahrlich deutlicher Ausdruck für seine Beliebtheit. Seiner Schönheit wegen hatte es bereits der römische Schriftsteller Gaius Plinius im ersten Jahrhundert nach Christus als „Bellis“ (aus dem lateinischen bellum für schön) bezeichnet.

Immer blühend

Heimisch ist unser Gänseblümchen in ganz Europa und mittlerweile über die ganze Welt verbreitet. Am wohlsten fühlt es sich auf kurz gehaltenen Wiesenflächen. Auf unseren Scher-Rasen vermag es sogar „fortdauernd das ganze Jahr über“ (lateinisch: perennis) zu blühen, manchmal auch unter dem Schnee. Sein wissenschaftlicher Name Bellis perennis wird daher nur allzu verständlich. Die dem Erdboden dicht aufliegenden Blattrosetten entgehen den Mäulern des Weideviehs ebenso wie dem Rasenmäher des Gärtners. Dabei kann es auf Sportrasen wie Golf- und Tennisplätzen derart „lästig" werden, dass sich kaum noch ein Grashalm durch die dicht an dicht stehenden Pflänzchen zu zwängen vermag. Deswegen wird den Betreibern solcher Anlagen ausnahmsweise der Einsatz von speziellen Herbiziden gegen dieses und andere „Rasenunkräuter" (z.B. Löwenzahn) erlaubt.

Die Lieblingsblume Jesu

Erstaunen vermag den Laien, dass es sich bei der Blume des Gänseblümchens nicht nur um eine einzige sondern um sehr zahlreiche Einzelblüten handelt. Tatsächlich ist bei dieser zum Verwandtschaftskreis der Korbblütler gehörigen Pflanze auf einem breiten Blütenteller um einen zentralen Bereich von winzigen gelben Röhrenblüten ein äußerer Strahlenkranz aus weißen Zungenblüten angeordnet. Oftmals sind die letzteren an ihrer Spitze mit einer blutroten Färbung versehen. Erklären lässt sich das Aussehen dieser Blume anhand einer christlichen Legende: „Als die Jungfrau Maria ihrem Jesuskindlein zum dritten Geburtstag einen Blumenkranz schenken wollte, konnte sie im winterlichen Nazareth leider keine Blüten finden. Daher stellte sie selbst verschiedene Phantasieblumen aus gelber und weißer Seide her. Beim Zusammenstecken derselben verletzte sie sich und etwas Blut verfärbte die Spitzen einer Blüte, welche sich das wehmütig bewegte Kindlein daraufhin zur Lieblingsblume erkor. Der Knabe pflanzte seine Blume ins Tal von Nazareth und wacht seither über die fortdauernde Blühkraft unseres Gänseblümchens, welches wegen dieser Begebenheit auch Marienblümchen genannt wird." In Wirklichkeit aber war es bereits unseren germanischen Vorfahren bekannt, als eine ihrer Göttin Freia, der Mutter der Erde, heilige Pflanze. Erst als die Christen unseren heidnischen Ahnen diesen Götterglauben verboten, nahm die Jungfrau Maria den Platz der Freia ein.

Bild 28: *Tausendschön*

Weithin bekannt ist unser Gänseblümchen auch unter dem Namen Maßliebchen, welcher vermutlich dem mundartlichen „matelief" entstammt, was heute mit Esslust zu übersetzen wäre. Zum Wortstamm „mate" gehören übrigens auch Mett(wurst) und Messer. Wen wundert's, lassen sich doch aus unserm Maßliebchen tatsächlich allerlei leckere Speisen zubereiten.

Bild 29: *Eine gezüchtete Variante, ausdauernd im Schnee*

Bild 30: *Anhand seines Laubes ist der giftige Gauchheil leicht mit der Vogel-Sternmiere zu verwechseln. Kräutersammler sollten daher auf die unterschiedlichen Blüten achten.*

Der Gauchheil

Auffällig wird der Acker-Gauchheil (Anagallis arvensis) nur dem aufmerksamen Naturbeobachter, der sich die Mühe macht, auch diejenigen Pflanzen näher zu betrachten, welche ihres niederen Wuchses und der kleinen Blüten wegen eher unauffällig zu seinen Füßen am Wegesrand wachsen. Dabei gehört seine zinnoberrote Blüte zu den schönsten unserer einheimischen Primelgewächse. Bereits der griechische Arzt Dioskurides hat ihm vor etwa zweitausend Jahren den Namen Anagallis gegeben, vielleicht sogar abgeleitet vom griechischen Wort für schmücken: „agállein". Wer Glück hat, findet ihn in unserer Region auch in der besonders attraktiven azurblauen Farbvariante.

Zeitmesser und Wetterbericht

Der heute auf allen Kontinenten vorkommende Acker-Gauchheil wächst vorwiegend auf Brachland, in Gärten, auf Weinbergen und Schutt, an Wegrändern und Äckern, was letztlich seinen wissenschaftlichen Beinamen „arvensis" erklärt (aus dem lateinischen „arvum" für Acker, Feld, Flur). Seine Blüten öffnen sich bei schönem Wetter ziemlich verlässlich erst gegen neun Uhr vormittags. Namensgebungen wie Neunerle und personifizierende Bezeichnungen wie Faule Magd, Faule Gretl und Faule Liesl rühren von diesem späten morgendlichen Erwachen her. Bereits zwischen drei und vier Uhr schließen sich die Blüten wieder, weshalb unser Gauchheil in Niederösterreich auch „Firobedblümli" (Vier-Uhr-zu-Bett-Blume) genannt wird. Auch bei aufkommender schlechter Witterung beginnen sich die Blüten zu schließen, was unserer Pflanze mancherorts Namen wie Regen-, Wetter- oder Gewitterblume einbrachte. Schließlich war der Gauchheil einer alten Volksweisheit zufolge auch zur Wettervorhersage dienlich: Breitet sich die Blüte am Morgen recht fröhlich aus, so regnet es 24 Stunden nicht; versteckt sie sich halb unter ihren Blättern, so gibt es einen Schauer; schließt sie sich gar nicht auf, dann fängt es bald an, stark zu regnen.

Bild 31: *Das Öffnen und Schließen der Gauchheilblüte erfolgt streng nach Uhrzeit und Wetterbericht.*

Bild 32: *Der Gauchheil ist vermutlich mediterraner Herkunft. Hierzulande braucht er die offene Kulturlandschaft unserer Gärten, Brachen, Äcker und Schutthalden.*

Ein Kraut gegen die Dummheit

Der Name Gauchheil geht auf das althochdeutsche gouh und gauh (mittelhochdeutsch: gouch) zurück, womit man einerseits den Kuckuck und andererseits auch den Tor, Narr oder Idiot bezeichnete. Lange Zeit suchten bereits unsere Altvorderen ein Kraut gegen die Dummheit, gegen die ja selbst die Götter vergebens kämpfen, und glaubten, es endlich in unserem Gauchheil gefunden zu haben. So mussten zu alten Zeiten tatsächlich einige unter den verschiedenen, ursächlich noch unbekannten Krankheiten leidenden Menschen, oftmals als Dorfnarren diskriminiert, diesbezüglich unwirksame und bitter schmeckende Medizin aus der vermeintlichen Heilpflanze über sich ergehen lassen. Die eigentlich giftige Pflanze ist aus unserer heutigen Schulmedizin längst verschwunden, galt aber noch lange Zeit bei äußerlicher und innerlicher Anwendung als Hausmittel gegen Warzen, Steinleiden und Verstopfung. Eine schwach betäubende (narkotisierende) Wirkung, welche ihr bereits Leonard Fuchs in seinem Kräuterbuch anno 1543 etwa bei der Behandlung von Zahnweh zuschrieb, wird dem Gauchheil heute durchaus zuerkannt. So verwundert es nicht, wenn unsere Urahnen das Kraut auch zur Behandlung bei Schlangenbissen einsetzten. Auch galt die Pflanze als wirksam zur Erregung von Heiterkeit. Somit könnte der Name Anagallis, wie Carl von Linné vermutet, auch dem griechischen „anageláo“ (lache) entstammen.

Der Gundermann

Noch um das Jahr 1960 sollen einem Bericht des „Deutschen Medizinischen Informationsdienstes“ zufolge in der Lüneburger Heide zwei Drittel der Bevölkerung an die Existenz von Hexen geglaubt haben. Wie sehr müssen sich unsere Altvorderen dann erst im Mittelalter, der Hochzeit des Hexenglaubens, vor diesen weiblichen Unholden gefürchtet haben. Insbesondere die Bauern sorgten sich wegen der drohenden Verhexung ihrer Stallungen, des Viehs und der Milch. Denn eine Kuh galt als verhext, wenn sie keine oder blutige Milch gab.

Wo sind die Hexen?

Wie aber konnte eine Hexe im Dorf erkannt werden? Auch hier wusste man sich in alter Zeit durchaus zu helfen, war doch selbst zu diesem Zwecke ein Kraut gewachsen. Ein am Walpurgisabend (30. April) gesammeltes Bündel des Gundermanns noch in der Nacht zu einem Kranz geflochten und am folgenden Tag auf den Kopf gesetzt, lässt einen die Hexen daran erkennen, dass diese auf ihrem Kopf einen Schemel, eine Bank oder einen Kübel tragen. Wenn wir auch heute über Solcherlei schmunzeln mögen, führte dieser Zauber- und Hexenglaube damals tatsächlich zu unsäglichen Ungerechtigkeiten, Leid und Tod. Als völlig unschuldig darf hierbei jedoch unser Gundermann gelten, ein im Saarland überall in Wiesen, Hecken und lichten Laubwäldern anzutreffender Lippenblütler.

Bild 33: *Das im Frühjahr gesammelte Kraut des Gundermanns ergibt eine vorzügliche Suppe. Die Blüten werden zuweilen der Maibowle zugesetzt.*

Bild 34: *An der Form seiner Blätter erklärt sich sein alter Name Erdefeu. Die Blüten lassen die nähere Verwandtschaft mit der Katzenminze erahnen.*

Geschwüre oder Walküre?

Das niederliegende Kraut breitet sich mit wurzelnden Ausläufern über den Erdboden aus und vermag somit auch an Bäumen und Mauern eine gewisse Strecke rebenähnlich empor zu klettern, weshalb es auch unter der Bezeichnung Gundelrebe recht bekannt ist. Die Herkunft des ersten Namensteils hingegen ist viel diskutiert und ziemlich umstritten. Wahrscheinlich entstammt er dem althochdeutschen „gund", womit die Goten zu ihren Zeiten Eiter und Geschwüre bezeichneten. Schließlich diente unsere Pflanze bereits den alten Germanen als vorzügliches Wundmittel gegen Eiterungen. Andererseits könnte er auch auf eine der Botinnen des nordischen Gottes Odin, der Walküre Gunar (althochdeutsch: Gundja), zurückgehen, der man mit der Namensgebung Gunarrebe für diese Heilpflanze vielleicht huldigen wollte. Bedenkt man die unzähligen Verballhornungen, wie etwa Grundrebe, Bundrebli, Gondlkraut oder Kummerradl, mag man ersehen, wie schwer solche Namensgebungen heutzutage etymologisch nachzuvollziehen sind. Aus einer der vielen Nebenformen mag dann wohl aus dem althochdeutschen Namen „gundram" für diese Pflanze unser Gundermann geworden sein. Die wissenschaftliche Benennung Glechoma hederacea geht zum einen auf das griechische „glèchón", dem antiken Namen der Poleiminze, und zum anderen auf seine alte Bezeichnung als Erdefeu (lateinisch: Hedera terrestris) zurück.

Die Volksmedizin nutzt das Kraut zu allerlei Zwecken, innerlich bei Magen-, Galle-, Nieren- und Leberbeschwerden, äußerlich zur Wundbehandlung. Auch als Salat- und Suppengewürz ist es durchaus beliebt und kann sogar spinatartig zubereitet werden. Bei Pferden allerdings kann die Pflanze mitunter zu tödlichen Vergiftungen führen.

Abschließend nochmals zurück zu unseren alten Bauern mit ihren Urängsten vor dem Milchzauber der Hexen. Hier wussten sich bereits die alten Germanen dadurch zu helfen, dass sie Ihre Kühe als unfehlbares Gegenmittel durch Kränze aus Gundermann melkten.

Bild 35: *Die äußerst schattenverträgliche Pflanze klettert gerne an Zäunen, Bäumen und Mauern empor.*

Der Gute Heinrich

Zusammen mit weithin bekannten Pflanzen wie dem Mangold und dem Spinat, gehört der Gute Heinrich (Chenopodium bonus-henricus) zur Familie der Melden- oder Gänsefußgewächse. Der Gattungsname Chenopodium entstammt dabei dem griechischen Wort „chen“ für Gans und „podós“ für Fuß und will damit auf die gänsefußförmigen Blätter mancher Arten hinweisen.

Ein Kobold im Haus

Der Gute Heinrich (wörtlich in Latein: bonus henricus) ist eine mehrjährige 15 bis 60 cm hohe Pflanze mit mehlig bestäubten, klebrigen Blättern. Er liebt Schuttplätze, Dorfstraßen, Gehöfte und Ställe, kurzum offene Stellen mit einem gewissen Nährstoffeintrag seitens des Menschen und dessen Haus- und Nutztiere. Er gilt daher als ein typischer Kulturfolger. Sein Aufenthaltsort in Menschennähe ist auch unseren naturbewussten Altvorderen nicht entgangen. So vermutete man, dass in dem allseits bekannten Pflänzlein sogar einen Kobold wohne. Elfen, wie Zwerge und Kobolde, spielten in unserer alten phantasiereichen

Bild 36: *Als verwunschener Kobold liebt der Gute Heinrich die Nähe des Menschen und dessen Behausung.*

Mythologie eine bedeutsame Rolle. Letztere wurden dabei gerne Heinz (Man denke an die Heinzelmännchen) oder Heinrich benannt, womit unser gänsefüßige Gute Heinrich als Personifizierung unserer Pflanze rasch geboren war. Weitere solcher pflanzlichen Kobolde finden wir in den Bezeichnungen Böser Heinrich für das Bingelkraut, Eiserner Heinrich für den Vogelknöterich oder Roter Heinrich für den Sauerampfer. Der auch in alten europäischen Königshäusern oftmals verwendete Name Heinrich lehnt sich zum Teil an das gotische Wort reiks (rich) für Herrscher oder König und bedeutet daher „Herrscher des Heimes".

Ein Pflaster für alle Wunden

Wie man ja weiß, verfügen solch dämonische Wesen wie die Kobolde über die Kunst des Heilens. So soll unser Guter Heinrich einst gegen den Aussatz verwendet worden sein, einer Krankheit, die vor langer Zeit durchaus auch in Europa wütete und heute unter der Bezeichnung Lepra bekannt ist.

Nach schwedischem Volksglauben hat der heilige Henrik, ein weiterer vermeintlicher Namenspatron für unsere Pflanze, aus dem Kraut mit einem Zusatz von anderen Ingredienzien ein Heilpflaster für alle Wunden bereitet. Die Volksmedizin nutzte die Pflanze eine geraume Zeit als erweichendes und reinigendes Mittel sowie zur Kühlung von Wunden. Da sich jedoch zu modernen Zeiten kaum eine dieser Heilwirkungen wissenschaftlich bestätigen ließ, ist die Pflanze aus unseren heutigen Arzneibüchern verschwunden. Ebenso wird man im Erzgebirge, wo man gemäß eines alten Zauberglaubens mit Hilfe der Wurzel die Verhexung der Milch verhindern wollte, zu neueren Einsichten gekommen sein.

Bild 37: *Form und Beschaffenheit der Blätter gaben der Pflanze mancherorts Namen wie Hundszunge, Hackenschar, Schmalz- und Mehlblätter.*

Allerdings taugt der Gute Heinrich durchaus als Nahrungsmittel. Früher wurde er gerne als Spinatersatz genommen, insbesondere in ärmeren Regionen nach Missernten oder Teuerungen. Weitere Namen wie Wilder Spinat, Feldspinat, Feldsalat, Kohlkraut leiten sich von dieser Nutzung ab. Auch Schafe und Ziegen wissen den Guten Heinrich als Futter zu schätzen.

Übrigens erzählt man sich, dass es einst einem Naseweis gelungen ist, die Abdrücke der Gänsefüße unseres Koboldes sichtbar zu machen, indem er Asche und Mehl auf dessen Weg gestreut hatte. Dadurch wurde der Kobold als Pflanze gebannt und damit erklären sich auch die eingangs erwähnten mehlig bestäubten Gänsefuß-Blätter unseres Guten Heinrichs.

Die Hauswurz

Als in unserer Region „einheimisch" im streng wissenschaftlichen Sinne kann man unsere Hauswurz eigentlich nicht ansehen. Allerdings ist sie auch hierzulande eine gerne in unseren häuslichen Anlagen gepflanzte Gartenblume, welche sich hie und da in freier Natur ausgewildert hat. Auch ihrer kulturhistorischen Bedeutung und ihres allgemeinen Bekanntheitsgrades wegen, sollte sie hier nicht unerwähnt bleiben, zumal das mit ihr verbundene Brauchtum im alten Volksglauben durchaus als einheimisch zu betrachten ist.

Wirklich heimisch ist die zu den Dickblattgewächsen gehörige Hauswurz (Sempervivum tectorum) in den südeuropäischen Gebirgsregionen, wo sie sich mit ihren rosettenartig angeordneten, wasserspeichernden Blättern an ein Leben auf kargen, trockenen Felsen angepasst hat. Die kugelige Rosette bildet kurze Ausläufer und somit im Laufe der Zeit kleinere dichte Polster. Die Pflanze ist mehrjährig und immergrün, was die alten Römer als „immerlebend" (lateinisch: sempervivum) bezeichneten.

Bild 39: *Auch auf unseren Dächern und Mauern braucht die wasserspeichernde Hauswurz die Konkurrenz anderer Pflanzen kaum zu fürchten.*

Bild 38: *In ihrer ursprünglichen Heimat ist die Hauswurz ein Leben auf blankem Felsen gewohnt.*

Gegen Feuer, Blitze und Dämonen

Mit der botanischen Artbezeichnung „tectorum" (aus dem lateinischen tectum: Dach) gibt uns der wissenschaftliche Name auch Auskunft darüber, wo unsere Urahnen ihre Hauswurz anzupflanzen pflegten, nämlich auf ihren Hausdächern. Vielleicht sollte sie ursprünglich die primitiven lehmbedeckten Dachfirste und Mauerkronen der germanischen Behausungen gegen Auswaschung schützen und zusammenhalten. Und vielleicht war auch die Beobachtung, dass die Pflanze wegen ihres hohen Wassergehaltes in der Lage war, kleinere Dachbrände zu überleben, ausschlaggebend für den Mythos, der sich heute noch mit ihr verbindet.

Donnerkraut und Donnerbart lauten weitere Namensgebungen, welche deutlich zum Ausdruck bringen, wem unsere Vorfahren diese Pflanze weihten. Neben

Bild 40: *Nach einigen Jahren vegetativen Wachstums treibt eine Rosette der Hauswurz zu einem imposanten Blütenstand aus.*

Odin (Wotan) und seiner Gemahlin Freia verehrten die Germanen insbesondere dessen Sohn Donar (altnordisch: Thor), den Gott des Donners, welcher mit seinem auf die Erde herabgeschleuderten Hammer die Blitze verursachte. Er bewirkte die Fruchtbarkeit der Natur und weihte die germanische Ehe. Unser Donnerstag trägt bis heute seinen Namen. Einem alten Volksglauben gemäß sollte die Hauswurz die Häuser vor Blitz und Feuer schützen. „Du Donnerbart, bist als Deck, halt Feuer und Flammen weg", sprach der Volksmund. Auf die Pfähle der Umzäunungen gepflanzt und in die Schornsteine eingehängt, sollte das Kraut die Häuser vor Verhexung bewahren, denn Hexen, Druden (Hausgeister) und andere Dämonen konnten das göttliche Kraut nicht passieren. Bei Brandwunden galten die Blätter als vorzügliches Mittel zur Kühlung und Heilung. Selbst gegen Warzen und Sommersprossen sollten sie hilfreich sein. Der Pflanzensaft mit Gummi, rotem Arsen und Alaun vermischt versprach wundersame Wirkung. Auf die Hand gestrichen sollte man damit unbeschadet glühendes Eisen anfassen können. Das Verwelken einer Pflanze oder Erscheinen einer roten Blüte auf dem Dach kündigte den baldigen Tod eines der Hausbewohner an, während eine schneeweiße Blüte ein freudiges Ereignis im Hause verhieß.

Übrigens ist die Begrünung von flachen Hausdächern mit diversen Pflanzen, vor allem auch der Hauswurz, wieder modern. Ob sich unsere Architekten und Ingenieure dabei vom alten germanischen Volksaberglauben leiten ließen, ist allerdings fraglich.

Die Herbst-Zeitlose

Dass Giftigkeit immer eine Sache der Dosis ist, hat uns schon Paracelsus, der Wegbereiter der neuzeitlichen Medizin, im 16. Jahrhundert gelehrt. Dabei wirkt manches Gift schon in sehr geringer Menge, wie etwa das Colchicin, ein Inhaltsstoff unserer Herbst-Zeitlosen. Bei Kindern können bereits erste Vergiftungserscheinungen auftreten, wenn sie Blüten oder Blätter dieses Liliengewächses bloß in den Mund nehmen.

Der Zaubertrank der Medea

Immerhin geht der Ursprung der Pflanze gemäß der griechischen Mythologie auf die Kindesmörderin Medea zurück. Die zauberkundige Gemahlin des Argonautenführers Jason hatte einen Trank zur Verjüngung ihres Schwiegervaters bereitet, wobei ihr ein Tropfen davon auf die Erde fiel, welcher urplötzlich die Pflanze entstehen ließ. Nach der Heimat dieser Giftmischerin, der sagenbekannten Landschaft Colchis, hat der antike griechische Arzt Dioskurides diese Pflanzengattung als Colchicum benannt. So kennt die Wissenschaft die Herbst-Zeitlose heute als Colchicum autumnale. Dabei bezieht sich das lateinische „autumnale“ (herbstlich) auf die eigenartig späte Blütezeit der Pflanze von September bis Oktober. Wohl daher stammt auch ihre Bezeichnung als „Zeitlose“, welche sich nicht an den uns vertrauten Jahreszyklus fast aller anderen Pflanzen halten will. Dementsprechend erscheinen ihre Kapsel-Früchte bereits im zeitigen Frühling des nächsten Jahres. Aufgrund dieser Besonderheit

Bild 41: *Die Anzahl der Staubblätter (6) verrät, dass die Herbst-Zeitlose kein Krokus (3) ist.*

Bild 42: *Herbstliche Blüte ohne Blätter*

nannten die mittelalterlichen Botaniker die Pflanze „Filius ante patrem“ (Sohn vor dem Vater) und gaben somit ihrer Verwunderung Ausdruck, dass im Jahresverlauf die Früchte vor den Blüten erscheinen.

Die nackte Jungfrau

In unseren feuchten Wiesen, ihrem bevorzugten Lebensraum, erscheinen die Blüten ohne Laubblätter, also geradezu „nackt“. Nackte Jungfer nennt sie daher auch der Volksmund. Entsprechend kennt sie der Franzose als „dame nue“ und der Engländer als „naked virgin“. Ihre Blätter erscheinen erst im Frühjahr zur Fruchtzeit und beginnen bereits im Mai von der Spitze her zu verwelken. Ein Hexenwerk vielleicht, denn diese weiblichen Unholde sollen die Blattspitzen, der auch als Hexenschlotte bekannten Pflanze, zur Salatbereitung in der Walpurgisnacht gebrauchen. An die 500 Volksnamen nennt Heinrich Marzell in seinem „Wörterbuch der deutschen Pflanzennamen“ für die Herbst-Zeitlose, ein Beleg dafür, wie sehr das Volk von dieser eigenartigen Giftpflanze angetan war.

Nun wusste man bereits zu alten Zeiten, dass wenig Gift durchaus auch Arznei sein kann, und nutzte das Kraut, insbesondere die colchicinreichen Zwiebeln und Samen, zu diversen Heilzwecken. Jedoch sollte diese Rezeptur heute unseren Apothekern vorbehalten bleiben, welche den Umgang mit der als „sehr stark giftig“ einzustufenden Arzneidroge beherrschen. Dort wird sie bei akuten Gichtanfällen und Hauterkrankungen als linderndes Mittel eingesetzt. In homöopathischer Dosierung soll das Colchicin auch bei Magen- und Darmkatarrhen hilfreich sein.

Mit ihrer herbstlichen Blütezeit beginnen die langen Winterabende, an denen zu früheren Zeiten die fleißigen Frauen und Mädchen am Spinnrad saßen. Eine Blüte der Spinnblume hatten sie sich zuvor zwischen den Händen zerrieben, damit diese beim Spinnen nicht wund werden sollten. Auch die im beginnenden Altweibersommer umherfliegenden Spinnfäden entstammen einem Volksglauben gemäß der Spinnblume, unserer Herbst-Zeitlosen.

Bild 43: *Blätter und Frucht im Frühling*

Bild 45: *Die goldgelben Blütenköpfchen sind die ersten Boten des Vorfrühlings. Dabei beinhaltet jedes von Ihnen unzählige Einzelblüten. Gegen die Fröste des späten Winters sind diese erstaunlich gut gewappnet.*

Der Huflattich

Bereits ab Februar beginnt der Huflattich seine goldgelben Blütenköpfe aus seinen unterirdisch kriechenden Wandersprossen empor zu schieben. Meist erst nach dieser Blütezeit treibt er seine Laubblätter aus, deren hufförmiger Umriss ihm den ersten Bestandteil seines deutschen Namens beschert hat. Allerdings gehört er nicht, wie man vermuten könnte, zu den echten Lattichen, die man in der Pflanzengattung Lactuca zusammenfasst und deren deutscher wie botanischer Name sich aus dem lateinischen „lac“ (Milch) aufgrund deren hohen Gehaltes an Milchsaft herleitet. Unser Huflattich geht vielmehr auf das lateinische „lapaticum“ zurück, mit welchem man verschiedene großblättrige Pflanzen bezeichnete und das dann über laptica und lattica ebenfalls zum Begriff Lattich wurde.

Getreidescheuche…

Der Huflattich ist in ganz Europa, West- und Nordasien sowie im Gebirge des nördlichen Afrikas verbreitet. Er gedeiht bevorzugt in etwas feuchten Böden auf Äckern, Weiden und Schuttplätzen, an Bahndämmen, in Steinbrüchen, Ton- und Kiesgruben. Die Wissenschaft bezeichnet ihn als Tussilago farfara. Sein Artname farfara könnte dabei dem lateinischen far (Mehl) und fèrre (tragen) entstammen und auf die im Jugendzustand weisfilzig behaarten und somit wie mehlig bestäubt wirkenden Blätter Bezug nehmen. Andererseits bezeichnete bereits Gaius Plinius (23 bis 79 n. Chr.), der berühmte römische Autor einer ersten, alle Naturerscheinungen zusammenfassenden Enzyklopädie, unseren Huflattich als Farfugium, abgeleitet vom lateinischen fúgere (fliehen). Er stellte damit den Huflattich als Getreidescheuche dar, galt er doch dem Bauern als schwer zu bekämpfendes Unkraut, dessen Aufkommen eine Getreidesaat unmöglich machte. Gemäß dem Volksglauben sollte es aber leicht sein, die Pflanze durch Umackern am Abdontage (30. Juli) oder zu Mariä Himmelfahrt (15. August) zu beseitigen.

Bild 44: *Die hufförmigen Blätter haben der Pflanze einen Teil ihres Namens gegeben. Sie erscheinen jedoch erst nach der Blütezeit.*

…und Hustensaft

Auch der Gattungsname Tussilago erscheint bereits im Werk von Plinius für den Huflattich, abgeleitet aus túsis (Husten) und ágere (vertreiben), benutzte man die Blüten und Blätter doch schon zu alter Zeit als Teeaufguss gegen Reizhusten und Bronchialleiden. Auch der gereizte Magen und Darm soll durch dieses Hausmittel eine Linderung erfahren. Verantwortlich für diese Wirkung sind die im Huflattich enthaltenen Gerbstoffe. Einigen Wissenschaftlern zufolge sollte aber eine solche Teekur nicht über zwei bis vier Wochen ausgedehnt werden, da bei Dauergebrauch eine Leberschädigung nicht ausgeschlossen werden kann.

Auf einen weiteren Gebrauch der Huflattichblätter verstand man sich im heutigen Belgien. Angedörrt, aufeinandergeschichtet, einer Gärung unterworfen und dann an Schnüren getrocknet ergaben sie den Wallonen einen beliebten Tabak, dessen Rauch – was auch schon unser Plinius zu berichten wusste – sogar eine chronische Bronchitis lindern sollte. Die Laubblätter werden vom weidenden Vieh nur ungern gefressen, doch hat man sich in der Schweiz damit nicht abfinden wollen. Dort wurden die Blätter in Gruben oder Fässer eingelegt, gesäuert und dann an die Schweine verfüttert. Auch hierzulande glaubte man an einen erhöhten Milchertrag bei der Verfütterung des Huflattichs an Kühe, kannte der Volksmund doch die Weisheit: „En Hufblatt so bret wie en Hand get e Leffel voll Schmand“.

Bild 46: *Zur Fruchtzeit sind die Schäfte der Blütenkörbchen stark verlängert. Aus den einzelnen Fruchtknoten sind fedrig behaarte Früchte geworden. Unverkennbar wird die Verwandtschaft mit dem Löwenzahn.*

Bild 47: *Das Immergrün trägt den botanischen Gattungsnamen Vinca bereits seit der Antike, vermutlich abgeleitet vom lateinischen „vincere" (umwinden).*

Das Immergrün

Unser einziger heimischer Vertreter aus der Pflanzenfamilie der Hundsgiftgewächse ist das Kleine Immergrün (Vinca minor). Ähnlich seinem allseits bekannten Familienangehörigen, dem Oleander, stammt es eigentlich aus den südlicheren Ländern Europas, gilt aber seit der Römerzeit in unserer Region als eingebürgert. Die wärmeliebende Pflanze wächst als kriechender Bodendecker im Schatten lichter Laubwälder, gerne auch über Mauern und Felsen. Als Zierpflanze wird sie in Gärten und Parkanlagen, insbesondere auf Friedhöfen angepflanzt. Auch die von März bis Juni erscheinenden Blüten erinnern an die des verwandten Oleanders und wie der gemeinsame Familienname bereits vermuten lässt, sind beide Pflanzen in allen Teilen giftig. Als Vergiftungserscheinungen, insbesondere hervorgerufen durch das im Immergrün enthaltene Alkaloid Vincamin, treten Herz-, Kreislauf- und Atembeschwerden auf. Die Schulmedizin nutzt diese Substanz aufgrund ihrer blutdrucksenkenden Wirkung, insbesondere bei altersbedingten Erkrankungen der Hirngefäße. In der alten Volksmedizin galt das Kraut als Mittel zur Blutreinigung und Blutstillung. Die Homöopathie gebraucht es gegen nässende Ekzeme. Die Herleitung der deutschen Namensgebung unseres Immergrüns ist recht trivial, bleibt die Pflanze doch auch den Winter über mit grünen Blättern belaubt. Sinngrün war ihr früher gebräuchlicher Name, ursprünglich Singrün (althochdeutsch: singruone). Hierin findet sich der damals noch vielfach verwendete deutsche Partikel „sin" für dauernd, allgemein oder immer.

Zum Erkennen von Kehrhexen

Immergrüne Wildblumen sind in unserer Region eigentlich ungewöhnlich und hatten somit für unsere Urahnen etwas Zauberhaftes, worauf sich der mit dem Immergrün verbundene Aber- und Zauberglaube wohl zurückführen lässt. Demnach vermochte zum Beispiel ein daraus gebundener Kranz, an das Fenster gehängt, Feuer und Blitze vom Haus fernzuhalten. Das in der Dreisgenzeit (die 30 Tage von Mariä Himmelfahrt bis zum achten Tag nach Mariä Geburt) gesammelte Kraut sollte auch gegen Hexen wirken, von denen manche ja mit umgekehrt aufgesetztem Kopf herumlaufen, was man aber eigentlich nicht sehen kann. Ein über der Tür angebrachtes Bündel aus Immergrün sollte eine solche, durch diese Tür eintretende „Kehrhexe" sichtbar machen. Ein weiteres Mittel zum Erkennen einer Hexe war dagegen etwas aufwendiger. Dazu erhitzte man ein „im Bösen" gesammeltes Blatt des Immergrüns in einer Pfanne mit Öl und murmelte dabei den Namen der verdächtigen

Person. Sprang das Blatt aus der Pfanne, war die Betreffende „schuldig“. Als wichtiger Bestandteil diverser Räucherrezepturen sollte man mit dem Kraut die Hexen auch aus „besessenen“ Menschen oder Häusern ausräuchern können. Die Hexen ihrerseits konnten die außerhalb der Dreisgenzeit geerntete Pflanze wiederum dazu benutzen, das Vieh mit ihrem bösem Zauber zu belegen und Streit unter den Eheleuten heraufzubeschwören.

Orakel der Liebe

Von besonderer Bedeutung konnte dem alten Volksglauben gemäß das Immergrün für Heiratswillige sein. Treiben zwei, von einem Liebespaar ins Wasser geworfene Blätter aufeinander zu und bleiben nach ihrer Berührung vereint, so galt dies als ein Orakel für die unfehlbare Bestimmung füreinander. Wirft ein Junggeselle in der Matthiasnacht (24. Februar) einen Kranz aus Immergrün ins Wasser und eines der tanzenden Mädchen hebt ihn schweigend heraus, so sollte dieser gleich als Brautkranz gelten.

Bild 48: *Im Saarland fühlt sich das Kleine Immergrün in den lichten Eichen-Hainbuchen-Wäldern der Muschelkalkgebiete und großen Flusstäler am wohlsten. Seine Blüten ähneln denen des nahe verwandten Oleanders.*

Das Johanniskraut

Als „Hyperikón“ bezeichnete der griechische Arzt Dioskurides das Johanniskraut zur Zeit der Antike, was manche Sprachwissenschaftler etwas nüchtern als „unter (hypo) dem Heidekraut (erikón) wachsend“ deuten. Andere sehen den Begriff zusammengesetzt aus „hypér“ (über) und „eíkon“ (Bild, Vorstellung). Vielleicht wollte der Grieche damit zum Ausdruck bringen, dass ihm die Heilkraft des Johanniskrautes über jedwedes Vorstellungsvermögen ging. Der römische Schriftgelehrte Plinius wandelte diese Benennung schließlich ins lateinische Hypericum, welche die botanische Wissenschaft heute noch für das Johanniskraut verwendet.

Die Wut des Teufels

Sieben Johanniskraut-Arten können wir im Saarland unterscheiden, wobei das Hypericum perforatum das häufigste ist und als das Echte Johanniskraut schlechthin angesehen wird. Die lateinische Artbezeichnung „perforatum“ bedeutet zu deutsch wörtlich „durchlöchert“ und bezieht sich auf die mit kleinen, durchscheinenden Punkten (pflanzliche Ölkörper) versehenen Blätter. Der Legende nach entstammen diese Löcher einem Wutausbruch des Satans, welcher sich über die hexen- und teufelabwehrenden Kräfte dieser auch als Hexenkraut und Jageteufel bezeichneten Pflanze allzu sehr ärgerte und sie mit hunderten Nadelstichen traktierte.

Das Blut des Täufers

Unser Echtes Johanniskraut blüht um das bedeutsame Datum der Sommersonnenwende und war daher bereits unseren germanischen Vorfahren ein wichtiges Kraut. So trug man beim Tanz um das Sonnenwendfeuer Kränze aus Johanniskraut, welche nach der Feier auf die Hausdächer geworfen wurden, um die bösen Dämonen aus dem Heim zu verbannen. Den roten Saft, welcher sich aus den gelben Blütenknospen pressen lässt, wurde von den Christen als Blutstropfen

Bild 49: *Das ursprünglich nur in der Alten Welt beheimatete Johanniskraut ist heute auch in Amerika und Australien verwildert.*

Johannes des Täufers gedeutet. Dadurch erhielt die Pflanze ihren heutigen deutschen Namen. Das ursprünglich heidnische Sonnenwendfest wurde nunmehr diesem Heiligen geweiht und der Johannistag auf den 24. Juni festgelegt.

Blume des Orakels

Der alte Aberglaube, welcher sich um diese mystische Pflanze rankt, war nur schwer aus den Köpfen unserer Vorfahren zu verbannen. So galt die Pflanze lange Zeit noch als bedeutsame Orakelblume. In Thüringen stellte man so viele Blütenzweige, wie Menschen im Hause wohnten, in ein besonderes Glas. Derjenige, dessen Zweig zuerst verwelkte, sollte auch als Nächster sterben. Am Aufblühen bzw. Verwelken eines Blütentriebes erkannten die Mädchen, ob sie im laufenden Jahr noch einen Freier finden werden oder eben nicht. Auch die Farbe des aus den Blüten gedrückten Saftes (rot oder grau) gab Auskunft über zu erwartendes Glück. „Bist mir gut, gibst mir Blut; bist mir gram, gibst mir Schlamm“ sprach der Volksmund in Schlesien. Das Bestreichen eines Gewehrlaufes mit dem Pflanzensaft verhieß unfehlbare Treffsicherheit. Die in der Volksmedizin schon seit alters her genutzte und auch in der heutigen Schulmedizin hinreichend anerkannte, beruhigende und antidepressive Heilwirkung des Johanniskrautes sollte natürlich nicht unerwähnt bleiben.

Bedeutung hatte das zauberhafte Kraut sogar zur finsteren Zeit der Inquisition. Ein Trank aus Distelsamen und Johanniskraut sollte alle Gewalt des Teufels aus den Gefolterten vertreiben und diese somit zwingen, die Wahrheit zu sagen.

Bild 50: *Adern mit „Blut“ in gelber Blüte*

Der Klatsch-Mohn

Schönes Unkraut

Was für einen wunderschönen, geradezu Nostalgie erweckenden Anblick doch ein mit rotem Klatsch-Mohn durchwachsenes Kornfeld hergibt. Den Älteren erweckt es wohl Kindheitserinnerungen, die Jüngeren mögen es hierzulande kaum noch zu Gesicht bekommen. Schade eigentlich, mag so mancher empfinden, nur einer nicht, der Bauer nämlich, der vom Ertrag seines Kornfeldes leben muss und aus einem solchen Feld wohl mehr wertlose Mohnsamen erntet denn Getreidekörner. Die Mohnsaat auf den Mohnbrötchen und im Mohnkuchen wird nämlich nicht aus dem Klatsch-Mohn sondern aus dem Schlaf-Mohn gewonnen. Man sollte es dem Landwirt daher nicht verübeln, wenn er Maßnahmen ergreift, um sein Feld vor diesem Unkraut zu bewahren, auch wenn es dem Blumenfreund noch so schwer fällt, dieses harsche Wort für unseren schönen Klatsch-Mohn zu gebrauchen. So hat sich unsere vermutlich aus dem Mittelmeergebiet stammende Pflanze auf sonstige Ruderalplätze, wie Wegränder und Schuttplätze, zurückgezogen. Auch an Acker- und Feldrändern ist sie noch anzutreffen, insbesondere dort, wo sich die Bauern auf das mit öffentlichen Mitteln geförderte Ackerrandstreifen-Programm eingelassen haben. Hier wird die Giftspritze bewusst von den Rändern der Felder ferngehalten, um solchen pflanzensoziologisch als Ackerunkräuter bezeichneten Pflanzen ein kleines Refugium zu erhalten. So ist denn unser Klatsch-Mohn auch heute noch recht häufig im Saarland zu finden.

Ein Kinderspiel

Der wissenschaftliche Name unseres Klatsch-Mohns lautet Papaver rhoeas, wobei Papaver nichts anderes als den uralten lateinischen Namen des Mohns hergibt. Als mekon rhoiás bezeichnete bereits der griechische Arzt Dioskurides im ersten Jahrhundert nach Christus eine ihm bekannte Mohnart. Die deutsche Namensgebung geht auf das germanische Wort „magan“ für den Mohn zurück (althochdeutsch: mago, mage, mahe; mittelhochdeutsch: mân). Heinrich Marzell (1885-1970) beschreibt in seinen literarischen Lebenswerk „Wörterbuch der deutschen Pflanzennamen“ über dreizehn Seiten hinweg unzählige oftmals nur regional gebräuchliche Namensgebungen für unsere Pflanze. Der Name Klatsch-Mohn aber auch Glitsche, Kläpperle und Klatschrose entstammen einem früher gebräuchlichen Spiel der Kinder, welche sich einige übereinandergelegte Mohnblätter derart auf Hände oder Stirn schlugen, dass es laut klatschte. Wegen der flatternden leicht abfallenden Blütenblätter heißt sie auch Fahnenblume und Flatterrose. Aufgrund seiner Schönheit diente der Klatsch-Mohn bereits den alten Ägyptern als Grabschmuck. Vollkommen erhaltene Blüten sollen sich bei der Mumie der Prinzessin Nsichonsu, der Tochter des Königs Tonthonthuti, aus der 21. Dynastie (1100-1000 v. Chr.) befunden haben.

Während die Weidetiere das Kraut stehen lassen, werden uns Menschen in alten Überlieferungen die jungen Blütenknospen des heutzutage als schwach giftig eingestuften Klatsch-Mohns sogar als Speise angepriesen. Die Schulmedizin lehnt die Verwendung aller Pflanzenteile zu Heilzwecken ab. Als Hausmittel gilt dagegen mancherorts ein Teeaufguss der Blüten und Samen zur Linderung bei Husten. Auch wird er gelegentlich als beruhigendes Mittel zur Einschlafhilfe bei Kindern eingesetzt, hinsichtlich dieser Wirkung allerdings weit übertroffen vom rauschgiftigen und somit nicht ungefährlichen Schlaf-Mohn.

Bild 52: *Die leicht abfallenden Blütenblätter verhindern einen Blumenstrauß.*

Bild 51: *Zierde oder Unkraut?*

Die Kornblume

Die Botanik ordnet unsere Kornblume in die Gattung Centaurea, die Flockenblumen, welche uns im Saarland in mehreren Arten begegnen. Diesen wissenschaftlichen Gattungsnamen hat sich der schwedische Botaniker Carl von Linné von einer bei Hippokrates als „kentaúrion“ benannten (uns aber unbekannten) Pflanze entliehen. Analog zu unserem Tausendgüldenkraut (Centaurium) geht auch dieser Name auf den heilkundigen Zentauren Chiron der griechischen Mythologie zurück.

Des Einen Leid…

Die ursprüngliche Heimat unserer Kornblume (Centaurea cyanus) ist das östliche Mittelmeergebiet. Von dort aus hat sie sich mittlerweile über die ganze Welt verbreitet, fand sie doch in den Kornfeldern unserer Kulturlandschaft über lange Zeit ökologisch ähnliche Bedingungen. Außerhalb der Felder tut sie sich dagegen recht schwer, ist aber hie und da auch auf Schuttflächen, Bahndämmen, Wegrändern und Brachäckern zu finden. Diese Ersatzflächen hat die Pflanze hierzulande mittlerweile auch bitter nötig, denn der Bauer weiß sie heutzutage aus seinen Kornfeldern fern zu halten. Zu früherer Zeit allerdings hatte dieser Berufsstand so seine Mühe mit dieser in der Pflanzensoziologie als Ackerunkraut eingestuften Pflanze. Die Samen solcher einjähriger Wildblumen, wie auch die des Klatschmohns oder der giftigen Kornrade, konnten durch die alten Ernte- und Dreschmethoden nur schwerlich aus dem Getreide herausgereinigt werden und gelangten oftmals auf diesem Wege mit der neuen Saat gleich wieder auf das Feld. Wenn auch ein mit rotem Mohn und blauen Kornblumen durchwachsenes Feld dem Wanderer einen besonders beeindruckenden und kontrastreichen Anblick an Feldblumen bescherte, hatte der Bauer diesbezüglich mit erheblichen Ernteverlusten zu kämpfen. Damit nicht genug musste mancher Landwirt auch noch den Schaden hinnehmen, den seine Mitmenschen

Bild 53: *Kornblumenblau*

Bild 54: *Am namensgebenden Standort: Kornblumen im Kornfeld*

beim Abpflücken der beliebten Kornblumensträuße durch das Zertrampeln der Felder anrichteten. Erschwerend kommt hinzu, dass nach dem Umpflügen der Felder die ausgefallenen Samen der Kornblumen über Jahre hinweg unter der Erde keimfähig bleiben.

...des Anderen Freud'

Dessen ungeachtet hatte das Volk die himmelblaue Kornblume durchaus ins Herz geschlossen. Dabei war das Kornblumenblau derart beliebt, dass die strahlenden Randblüten der Blumenköpfe auch zum Färben benutzt wurden. Mit Alaun versetzt ändert sich der Farbton zu einem Ultramarin. Gelegentlich tritt die Pflanze auch in weißen oder rotblütigen Farbvarianten auf. Kaiser Wilhelm I. hatte die Kornblume zu seiner Lieblingsblume erkoren, weshalb sie damals unter der Bezeichnung Kaiserblume als deutsches Nationalabzeichen galt.

Auch im alten Volksbrauchtum kam die Kornblume zu vielerlei Einsatz. So war sie mancherorts wichtiger Bestandteil diverser Blumensträuße mit magischer Bedeutung und Wirkung, so etwa bei der Bekränzung während der Sonnenwendfeier, dem späteren Johannisfest. Eine am Fronleichnamstag mit der Wurzel ausgerupfte Kornblume sollte gegen Nasenbluten wirksam sein. Dazu musste man sie lediglich so lange in der Hand halten, bis sie warm wurde. Gemäß der alten Signaturenlehre (Ähnliches heilt Ähnliches) sind die himmelblauen Blumenaugen der Kornblume sowie der Wegwarte sogar bei diversen Augenleiden hilfreich.

Bild 55: *Die ausstrahlenden Randblüten des Korbblütlers sind trichterartig vergrößert.*

Das Labkraut

Über eine Handvoll Labkraut-Arten können wir im Saarland unterscheiden, darunter auch den allseits bekannten Waldmeister (Galium odoratum). Das gelbblütige Echte Labkraut (Galium verum, aus dem lateinischen verum für echt) ist in unserer Region sehr verbreitet. Man findet es auf trockenen Wiesen, an Wegrändern und in lichten Wäldern.

Unsere liebe Frau

„Liebfrauenstroh" oder „Unserer lieben Frauen Bettstroh" waren ursprünglich geläufige Namen des Echten Labkrautes. Mit dem Begriff Frauen meinten unsere germanischen Vorfahren allerdings nicht die eigenen Frauen aus dem Volke. Vielmehr ist diese Bezeichnung, wie etwa auch bei dem Begriff „Liebfrauenkirche", als der alte schwache Genitiv der Einzahl (mittelhochdeutsch: frowen) zu verstehen. Und als die eine „liebe Frau" (der Franzosen „Notre Dame") galt den Germanen zunächst die Freia, die Göttin der Natur und ihrer Fruchtbarkeit, zugleich Göttin der Liebe und Schützerin von Ehe und Geburt (übrigens auch namensgebend für den Freitag). Ihrer höchsten Göttin war diese Pflanze besonders heilig. Gemäß dem alten Volksglauben galt ein Strohbündel aus Echtem Labkraut in der Wiege von Säuglingen als Mittel gegen Krämpfe und Zauberei. Auch werdenden Müttern wurde zur Erleichterung der Geburt ein Bündel Liebfrauenstroh (mancherorts auch aus Waldmeister oder Feldthymian) ins Bett gelegt. Selbst den Sterbenden sollten die heidnischen Götter

Bild 56: *Am wohlsten fühlt sich die Pflanze in offenen Wiesenlandschaften.*

in Form von Ähren und Halmen in den Betten erscheinen. Das später aufkommende Christentum tat sich nicht leicht, unseren Vorfahren solche heidnischen Bräuche auszutreiben. So wurden im Jahre 734 in einem eigens abgehaltenen Konzil dreißig altgermanisch-heidnische Bräuche zu Unsitten erklärt, darunter auch jener neunzehnte: „Von dem Strohbündel". Vom alten Brauchtum ließ sich das Volk zunächst kaum abbringen, wohl aber vom alten Glauben. Und so widmete man das Strohbündel fortan der weiblichen Lichtgestalt des neuen Glaubens, der Jungfrau Maria. Muttergottes- oder

Bild 57: *Das Labkraut gehört zur Pflanzenfamilie der Rötegewächse, welche vorwiegend in den Tropen verbreitet ist. Kaum zu erahnen: Auch der Kaffee-Strauch gehört in diesen Verwandtschaftskreis.*

Bild 58: Das Echte Labkraut ist durch seine gelben Blüten leicht vom weißblütigen Wiesen-Labkraut zu unterscheiden.

Marienbettstroh wird das Echte Labkraut seither auch genannt. In manchen katholischen Gegenden wird es an dem Fest Maria-Krautweihen der heiligen Jungfrau geweiht.

Alles Käse

Der botanische Name Galium ist der lateinisierte Name des griechischen „gálion", den bereits Dioskurides zur Zeit der Antike für diese Pflanze benutzte. Er leitet sich aus dem griechischen Wort gála für Milch ab. Der Begriff Lab in der deutschen Benennung bedeutet den vierten Magen junger Rinder. Verständlich werden beide Namensgebungen, wenn man weiß, dass unser Labkraut wie auch das Labferment aus dem Kälbermagen dazu benutzt wurde, bei der Käsebereitung die Milch zum Gerinnen zu bringen.

In der Volksmedizin ist die Pflanze nur von untergeordneter Bedeutung. Dort gilt sie als blutreinigendes und harntreibendes Mittel gegen Nierenleiden und Wassersucht. Zur Heuernte ist das Kraut weniger geeignet, da es beim Trocknen schwarz und schlechtschmeckend wird. Eine beliebte Bienenweide ist es aber allemal.

Abschließend nochmals zurück zur Christianisierung der alten Germanen und deren Brauchtum. Hier brachte der neue Glaubensgehorsam mancherorts eine wundersame Stilblüte hervor. Einer frommen christlichen Legende nach muss nämlich selbst die heilige Jungfrau Maria diesem später von höchster Stelle zur Unsitte erklärten heidnischen Brauchtum erlegen gewesen sein, soll sie doch ihrem Jesuskindlein ein Bett aus Liebfrauenstroh bereitet haben.

Der Lein

Neben unseren diversen Getreidearten und der Kartoffel ist der Lein wohl eine unserer kulturhistorisch bedeutsamsten Pflanzen. Dabei ist dieses auch als Flachs bezeichnete ein- bis zweijährige Kraut bereits derart lange in menschlicher Kultur, dass man heute weder seine eigentliche Heimat noch die Herkunft seines Namens eindeutig herleiten kann. Der ursprüngliche Wortstamm „lin" lässt sich sowohl im Germanischen (althochdeutsch: lîn) als auch im Griechischen (linon), Lateinischen (linum) sowie im Slawischen (z.B litauisch: linai) finden. Der gemeingermanische Begriff Flachs kann vielleicht auf das griechische „plékein" (flechten) zurückgeführt werden.

Eine Fahrt ins Blaue

Als Wildblume tritt der Lein (Linum usitatissimum) eigentlich nur dort in Erscheinung, wo er als Faser-, Saat- oder Ölpflanze im Feldanbau gehalten wird. Hier gelingt es einigen Pflanzen, in nahe Getreidefelder, Gärten, auf Schuttplätze oder an Wegränder auszubrechen. Bleibt der Anbau aus, verschwindet der Lein nach wenigen Jahren auch aus der freien Natur. Die zur Blütezeit himmelblauen Felder waren unseren Altvorderen noch ein vertrauter Anblick, ebenso das Bild der nach der Ernte aufgebauten Flachsbündel auf dem Feld. Über Jahrtausende war das aus der Pflanze gewonnene Leinen, neben dem Hanf und der Wolle unsere wichtigste Naturfaser, wobei insbesondere das deutsche Leinen weltweit einen sehr guten Ruf hatte. Allerdings war die Gewinnung der Faser in alter Zeit mit erheblichem Arbeitsaufwand verbunden. Einige der dabei anfallenden Arbeitsschritte, wie das Raufen, Riffeln, Brechen, Schwingen und Hecheln, sind uns heute noch geläufige Begriffe, wenn auch zum Teil mit abgewandelter Bedeutung.

Mit dem Ende des 18. Jahrhunderts verlor der Flachs zunehmend an Bedeutung. Eine andere Naturfaser, die Baumwolle, überrollte aus Amerika die europäischen Märkte. Durch die dortigen billiger gewordenen Ernte- und Verarbeitungsme-

Bild 59: *Ein Meer aus blauen Blüten*

thoden (Einsatz von Sklaven und Maschinen) wurde dieses Garn auch hierzulande bezahlbar. Zudem hatte diese Faser einige vorteilhafte Eigenschaften (leichtere Färbbarkeit, geringere Neigung zum Knittern). Erst seit 1986 wird Leinen wegen seiner zunehmenden Bedeutung als nachwachsender Rohstoff wieder in Deutschland angebaut, im Saarland insbesondere im St. Wendeler Land.

Lebensmittel, Arznei, Kleidung und Fußboden

Neben den aus den Stängeln gewonnenen Fasern ist das aus der Saat gepresste Leinöl von hohem Wert, nicht nur als Speiseöl. Auch als Polieröl zum Härten von Holzoberflächen oder zur Herstellung des Linoleums (aus dem Lateinischen, wörtlich: Leinöl) als Bodenbelag findet es Verwendung. Die Leinsamen selbst dienen als ganze, in gequetschter oder abgekochter Form als heilbringendes Mittel bei diversen Verdauungsstörungen. Und selbstverständlich hatte eine so bedeutsame Pflanze auch Eingang ins Brauchtum unserer Ahnen gehalten, insbesondere im so genannten Saat-Aberglauben. „So hoch man springt, so hoch soll der Flachs werden“ glaubte der Volksmund. Sei es nun der Bauer beim Fastnachtstanz, die Hausfrau vom Tisch herunter oder ein mutiger Sprung des Burschen über das Sonnenwendfeuer, je höher man sprang, desto besser sollte die Leinernte werden.

Übrigens galt die Leinsaat, wie viele Kornfrüchte, als Symbol für Fruchtbarkeit. Und nur die Frau, als Trägerin der menschlichen Fruchtbarkeit, sollte dies dem Lein während dessen Aussaat vermitteln können. Und so hatten gefälligst die Frauen diese Arbeit zu erledigen. Waren Männer je um Ausreden verlegen?

Bild 60: *Die Fasern im Inneren des dünnen Stängels dienen der elastischen Stabilität der Leinpflanze.*

Der Löwenzahn

Eigentlich sollte man es ja nicht für möglich halten. Aber es gibt tatsächlich in botanisch-wissenschaftlichen Kreisen die ernsthafte Überlegung, die deutschen Pflanzennamen mit einem nomenklatorischen Regelwerk ähnlich festschreiben zu wollen, wie es durchaus sinnvoll bei den botanischen Bezeichnungen bereits seit langem der Fall ist. Man stelle sich etwa vor, dass unsere heimische Gras-Art Alopecurus myosuroides künftig offiziell im Deutschen als „Mäuseschwanzähnlicher Fuchsschwanz" zu bezeichnen wäre. Oder schlimmer noch: Unser allseits bekannter Löwenzahn müsste eigentlich seinen beliebten deutschen Namen ablegen, wurde er doch schon vor langer Zeit aus der Verwandtschaftsgruppe der Löwenzahne, der Gattung Leontodon (aus dem Griechischen, wörtlich: Löwenzahn) herausgenommen und wissenschaftlich zu Taraxacum officinale umbenannt. Die Wissenschaft braucht solch definierte deutsche Namen nicht und das Volk wird sich seinen Sprachgebrauch mit Recht nicht nehmen lassen.

So viele Namen

So könnte man bei unserem Löwenzahn auf Hunderte weiterer deutscher Namen zurückgreifen. Dabei sind Pusteblume, Kuhblume und Bettseicher die in unserer Region gebräuchlichsten Bezeichnungen für diesen Korbblütler. Sein ursprünglicher Gattungsname Leontodon sowie die deutsche Bezeichnung Löwenzahn begründen sich in den meist auf-

Bild 61: *Kaum eine Stelle, die der Löwenzahn in unserer Kulturlandschaft nicht zu besiedeln vermag*

fällig gezähnten Blättern dieser Pflanzen. Der heutige Gattungsname Taraxacum geht auf das alte arabische Wort Tharakhchakon zurück, eine Bezeichnung für eine vermutlich ähnliche Pflanze, deren Identität aber nicht mehr nachvollziehbar ist. Strittig ist auch, ob der Löwenzahn in den antiken Schriften eindeutig wiederzufinden ist. Sicherlich dürfte er damals weitaus seltener gewesen sein, ist sein massenhaftes Auftreten doch erst mit der Jauchedüngung unserer späteren Kulturlandschaft verbunden. Naserümpfend nehmen wir dies in Herbst und Winter zur Kenntnis, doch welch ein herrlicher Anblick im Frühjahr, eine saftige Wiese mit satten Löwenzahnblumen, Kopf an Kopf. Auch das Weidevieh weiß die Pflanze als nahrhafte Futterpflanze zu schätzen. Und mögen nicht auch wir unseren Löwenzahnsalat, am liebsten mit ausgelassenem Speck und Croutons? Weniger gern gesehen ist er allerdings bei den Liebhabern Englischer Rasen und auch der Bauer mag ihn auf seinen Mähwiesen eigentlich nicht, denn zur Heugewinnung ist er denkbar ungeeignet. Die Naturheilkunde wiederum schätzt seine harntreibende Wirkung, was ihm letztlich auch seinen Namen Bettseicher einbrachte.

Bild 62: Der Wind weht die federleichten Samen an jeden beliebigen Ort.

Bild 63: Auch dem Väterchen Frost zeigt die Blume ihre Zähne.

Sag die Wahrheit!

Im alten Volksglauben galt der Löwenzahn als beliebte Orakelblume. So zeigt etwa die Anzahl der nach dem Wegblasen der fedrigen Samen auf dem Blütenboden sichtbaren schwarzen Flecken an, ob einem nach dem Tod der Himmel (keine Flecken), das Fegefeuer (ein bis zwei Flecken) oder gar die Hölle (drei oder mehr Flecken) zugedacht ist. Stehen gebliebene Federchen bedeuten die Zahl der Lebensjahre bis zum Tod oder die Jahre bis zur Hochzeit oder zeigen die genaue Uhrzeit an. Ein sehr bekanntes Lied der neuzeitlichen Rock- und Popmusik besingt den Löwenzahn (englisch: Dandelion) als beliebte Orakelblume im Spiel der Kinder: „Dandelion don't tell no lies. Dandelion will make you wise. Tell me if she laughs or cries. Blow away dandelion." (aus „Dandelion" von den „Rolling Stones"; zu deutsch: „Löwenzahn lügt nicht. Löwenzahn macht dich weise. Sag mir, ob sie lacht oder weint. Flieg fort, Löwenzahn.")

Das Mädesüß

Die Ursprünge und Herleitungen unserer deutschen Pflanzennamen sind oftmals vordergründig nur schwer nachvollziehbar. Was mag etwa unser allseits bekanntes Mädesüß mit dem süßen Liebreiz eines Mädchens zu tun haben? In diesem Falle gar nichts! Vielmehr ist hier ein alter skandinavischer Name der Pflanze (nordisch: meduwurti) über das niederdeutsche medesoet im Deutschen zu Mädesüß verballhornt worden. Eigentlich bedeutet der nordische Name zu deutsch Metwurz, haben doch die alten Nordländer die stark duftenden Blüten ihrem Honigwein (Met) zugesetzt, um diesem einen angenehmen Geschmack zu verleihen. In England kam man auf diesem Wege zum ähnlich klingenden Namen Meadowsweet (wörtlich: Wiesensüß).

Blätter wie Ulmen

Unser Mädesüß ist ein europäisch-asiatisches Florenelement, im Mittelmeerraum allerdings nicht verbreitet, weshalb es in den antiken Schriften keine Erwähnung findet. In unserer Region kommt die an Bodennässe gebundene Pflanze recht häufig in Auwäldern, an Ufern und in feuchten Wiesen vor. Ihr weiterer Name Rüsterstaude bezieht sich vermutlich auf die Ähnlichkeit der Zähnung ihrer Blattfiedern mit derjenigen von Ulmenblättern (Ulme = Rüster). Jedenfalls nimmt ihre wissenschaftliche Bezeichnung Filipendula ulmaria (früher: Spiraea ulmaria) auf diesen deutschen Namen Bezug. Der Ursprung des Gattungsnamens Filipendula basiert allerdings auf einer anderen Art, nämlich der Knolligen Rüsterstaude oder Erdeichel (F. hexapetala), wegen deren an langen Wurzelfäden hängenden Knollen (an Fäden hängend: lateinisch: filipendula).

Weltberühmtes Schmerzmittel

Der süße Duft der Blüten war unseren Vorfahren neben dem Aromatisieren von Met, Bier und Wein auch zum Einreiben ihrer Bienenstöcke von Nutzen, damit die Bienen ihr neues Zuhause leichter annehmen sollten. Alte Namen, wie Allerweltheel (Allerweltsheil) oder Föiwerkraut (Fieberkraut), belegen, dass das Mädesüß bereits seit langer Zeit als Heil-

Bild 64: Die Botaniker ordnen das Mädesüß in die Pflanzenfamilie der Rosengewächse ein. Der Volksmund berücksichtigt solche Verwandtschaftsverhältnisse jedoch kaum. Ihres süßen Nektars wegen heißt die Blume auch Immenkraut und Beinkraut (im Sinne von Bienenkraut).

Bild 65: *Mancherorts vergleicht der Volksmund den Blütenstand mit Federn, weißen Bärten, Milch und Rahm (Federblume, Geißbart, Milchpraus, Roomkraut) oder dem Holunder (Falscher Holler, Wasserflieder).*

pflanze genutzt wird. Insbesondere bei den so genannten Frauenleiden fanden die Blüten ihre Anwendung, vom Volksmund festgehalten durch alte Namensgebungen wie Frauwenkrud oder Bärmutterstrauss. Wenn sie auch heute nur noch eine recht unbedeutende Rolle in Schul- und Volksmedizin bei grippalen und rheumatischen Beschwerden spielt, so war sie doch der Ausgangspunkt für die außergewöhnliche Erfolgsgeschichte eines weltberühmten Arzneistoffes. Im Jahre 1839 wurde aus den Blütenknospen des Mädesüßes die Salicylsäure isoliert, benannt nach dem Salicin, einem ähnlichen Inhaltsstoff aus der Rinde einiger Weidenarten (botanische Gattung: Salix). In dem Wissen um die schmerzlindernde Wirkung des Mädesüßes und der Weidenrinde erkannte man diese Substanz schließlich als deren eigentlichen Wirkstoff. Allerdings hatte die Salicylsäure einige unangenehme Nebenwirkungen. Eine kleine chemische Abwandlung dieses Stoffes im Hause der deutschen Chemiefirma Bayer ergab die Acetylsalicylsäure, welche sich als pharmakologisch noch wirksamer und mit weniger Nebenwirkungen behaftet erwies. 1899 brachte Bayer dieses Produkt als neues Schmerzmittel unter der Bezeichnung „Aspirin" heraus, ein Markenname, der weltweite Beachtung erlangen sollte. Seine Zusammensetzung aus dem „A" des Wirkstoffs Acetylsalicylsäure und „Spirin" von Spiraea, soll an den alten botanischen Namen der Ausgangspflanze, unser Mädesüß, erinnern.

Die Margerite

Heiteres Beruferaten

Nicht erst in unseren Tagen, schon zu alten Zeiten sorgte sich die Jugend um ihre Berufsaussichten. Dabei lag es immer schon nahe, diesbezüglich das Orakel unserer Wiesen-Margerite (Chrysanthemum leucanthemum) zu befragen. Dazu muss man lediglich die äußeren weißen Zungenblüten eines Blütenköpfchens einzeln auszupfen und die üblichen Berufsstände aus einem bekannten Kinderreim abzählen. „Kaiser, König, Edelmann; Bürger, Bauer, Bettelmann; Schuster, Schneider, Leineweber; Doktor, Kaufmann, Totengräber“ lautet eine der zahlreichen überlieferten Versionen. Die

Bild 66: *Ein herrlicher Liegeplatz: Margeriten fürs Auge und der Waldmeisterduft des Ruchgrases für die Nase*

letztlich bleibende Blüte gibt dem Knaben Auskunft über die zu erwartende Berufung, dem Mädchen weissagt sie – gemäß dem damaligen Rollenverständnis – den Stand des künftig Auserwählten. Reißt man die kleinen gelben Röhrenblüten aus, wirft sie in die Luft und hält den Handrücken darunter, so zeigt einem die Zahl der aufgefangenen Blüten den zu erwartenden Kindersegen an. Mit unserem Löwenzahn, dem Gänseblümchen, der Schlüsselblume sowie dem Johanniskraut kennt unser alter Volksgaube weitere solcher Orakelblumen.

Das große Gänseblümchen

Der Name Margerite ist ursprünglich nur in den städtischen Kreisen verwendet worden und hat sich erst zu späterer Zeit auf dem Lande eingebürgert. Er entstammt dem französischen „marguerite“, welches eigentlich das Gänseblümchen bezeichnet, das wir ja auch als Margeritchen kennen. Landläufig bekannt ist die Margerite auch als Wiesen-Wucherblume, eine Anspielung auf ein üppiges, schnelles Wachstum. Letzteres trifft aber in vermehrten Maße auf ihre Schwester, die Saat-Wucherblume (Chrysanthemum segetum), zu, welcher man als lästig wucherndes Ackerunkraut die eigentliche Namensgebung Wucherblume zuschreibt. Doch auch unsere Margerite ist an ihrem Lieblingsstandort, den landwirtschaftlich genutzten, schwach gedüngten Mähwiesen, vom Bauern nicht gerne gesehen, da sie nur ein geringwertiges, holziges Futter liefert und diesbezüglich bessere Pflanzen durch ihr gehäuftes Auftreten verdrängt. Auf die Erklärung der botanischen Namen unserer beiden Wucherblumen soll hier nicht eingegangen werden, haben sich die gelehrten Botaniker doch über lange Zeit hinweg nicht auf eine einheitliche Zuordnung zu einer der vielen nahe verwandten Gattungen (Chrysanthemum, Tanacetum, Leucanthemum) einigen können.

In noch jungem Zustand können die zarten Sprosse der Margerite als Salat gegessen werden. Zu schlechten Zeiten wurden sie für sich allein oder mit anderen Kräutern gemischt zu einer Art Spinat gekocht. Die alte Volksmedizin nutzte das Kraut gegen diverse Leiden. In unseren modernen Verfahren der Naturheilkunde findet sie allerdings kaum noch Anwendung. Bei der als Zierpflanze in unseren Gärten genutzten Riesen-Margerite handelt es sich um Kultur-Hybriden mit Chrysanthemum maximum, einer weiteren Wucherblumen-Art aus den Pyrenäen.

Bild 67: *Ein Korbblütler: Strahlende, weiße Zungenblüten am Rand und innen winzige, gelbe Röhrenblüten*

Bild 68: *Die Margerite beschränkt sich vorwiegend auf Wiesenlandschaften. Dem Bauern ist sie dort allerdings ein Unkraut.*

Die Gretchenfrage

Als Orakelblume hat die Margerite sogar Einzug gehalten in eines der bedeutsamsten Werke der deutschen Literatur. In Goethes „Faust“ übernimmt sie unter ihrem weiteren Namen Sternblume die Rolle der Weissagerin. Dort befragt das naive Gretchen (Margarete!) das Margeriten-Orakel, um Gewissheit über die Zuneigung ihres geliebten Heinrichs zu erlangen. „Ja, mein Kind! Lass dieses Blumenwort Dir Götterausspruch sein“, bekräftigt der Auserwählte die erhoffte Weissagung.

Die Nachtkerze

Auf Reise mit der Bahn

Bei unserer Gewöhnlichen Nachtkerze handelt es sich um eine Pflanzenart, welche erst seit wenigen hundert Jahren bei uns heimisch geworden ist, war sie doch vor der Entdeckung Amerikas eben nur auf diesem Kontinent zu Hause. Gemäß einer schriftlichen Überlieferung wurde sie im Jahre 1612 in einem der ältesten Botanischen Gärten Europas im italienischen Padua erstmals auf unserem alten Kontinent ausgesät. Von dort gelangte sie zunächst als Zierblume und später auch als Nahrungspflanze in die verschiedenen Garten- und Parkanlagen Europas. Diese Einrichtungen hat unsere Nachtkerze jedoch schnell verlassen können, fand sie doch insbesondere in der städtischen Umgebung des Menschen zahlreiche ihrer heimatlichen Prärie ökologisch ähnelnde Standorte, wie Wegränder, Kies- und Sandgruben, Steinbrüche, Mauern, Schuttplätze und vor allem Bahndämme. Dabei konnte man geradezu beobachten, wie sie sich entlang der Bahnlinien in alle Richtungen verbreitete, so dass sie sich mittlerweile in fast ganz Europa und Asien wohl fühlt.

Die Nachtkerze ist eine winterannuelle, das heißt zweijährige Pflanze, welche im ersten Jahr lediglich eine dem Erdboden dicht anliegende Blattrosette bildet und während dieser Zeit eine unterirdische dicke Wurzelrübe als Nährstoffspeicher ausbildet, mit der sie letztlich überwintert. Im Sommer des folgenden Jahres treibt sie aus dieser Reserve einen bis zu

Bild 69: *Ihr Name leuchtet ein: kerzengerader Wuchs mit flammengelber Blüte und dies auch in der Nacht*

einen Meter hohen Blütenstand mit zahlreichen recht großen gelben Blüten hervor. Die einzelnen Blüten öffnen sich dabei erst gegen Abend, bleiben auch über Nacht offen, um dann nach etwa 20 bis 24 Stunden bereits wieder zu verwelken. Die nächtliche Blütezeit macht insofern Sinn, da sich die Pflanze auf die Bestäubung durch vorwiegend nachtaktive Insekten spezialisiert hat. Ihres aufrechten Wuchses und der nächtlichen gelben Blüten wegen erhielt sie ihre deutsche Bezeichnung Nachtkerze.

Der Schinken der armen Leute

Ihre wissenschaftliche Benennung als Oenothera biennis geht zum Teil auf ihre zweijährige Lebenszeit zurück (biennis aus dem lateinischen „bi" für zwei und „annus" für Jahr). Eine Pflanze namens Oenotheras taucht bereits im ersten Jahrhundert nach Christus in der weit über tausend Jahre maßgebenden Arzneimittellehre des Dioskurides auf, welcher unsere amerikanische Nachtkerze allerdings nicht gekannt hat. Der berühmte griechische Arzt habe wohl das Zottige Weidenröschen oder den Oleander gemeint, lauten spätere Vermutungen. Jedenfalls müsse es eine Pflanze gewesen sein, welche auch den griechischen Wortstämmen oinos (Wein) und therân (jagen) gemäß nach Wein gerochen und bei der Jagd nach wilden Tieren geholfen haben soll. Der schwedische Botaniker Carl von Linné hat diesen Namen für unsere Nachtkerze wieder vergeben, warum auch immer. Eigentlich soll ihre Wurzel sowohl farblich als auch geschmacklich eher an Schinken erinnern. Tatsächlich fand die bis zu 20 cm lange und 5 cm dicke Wurzel, im Herbst des ersten Jahres geerntet, unter den Bezeichnungen Gelbe Rapunzel und Schinkensalat über lange Zeit reichlich Verwendung als nahrhaftes Lebensmittel. So wurde sie vorwiegend in Scheiben geschnitten mit Essig und Öl als Salat oder in Brühe gekocht wie Schwarzwurzeln zubereitet. Dabei spricht nicht nur die alte Weisheit, dass ein Pfund davon mehr Kraft gebe als ein Zentner Ochsenfleisch, für eine Renaissance der Nachtkerze in unserer heutigen Küche.

Bild 70: *Vierzählige Blüten wie ihre Schwester, die Fuchsie, aus der Familie der Nachtkerzengewächse*

Bild 71: *Jeden Abend öffnet sich ein neuer Blütenkranz, blüht über Nacht und verwelkt am nächsten Tag.*

Die Narzisse

Aus ihrer ursprünglichen Heimat in Süd- und Westeuropa haben wir sie in unsere Gärten aufgenommen, damit sie uns als Osterglocken die hohen christlichen Festtage einläuten mögen. Gemeint sind unsere beiden allseits bekannten Narzissenarten. Dabei ist die weißblütige Dichter-Narzisse (Narcissus poeticus) die eigentlich echte Narzisse, welche bereits von Homer, dem griechischen Schriftsteller des 8. Jahrhunderts vor Christus, als „nárkissos" erwähnt und seither vielfach von bekannten Dichtern der Zeitgeschichte besungen wurde. Dagegen wird unsere Gelbe Narzisse (N. pseudonarcissus) entsprechend ihrem wissenschaftlichen Namen als falsche Narzisse angesehen.

Schönes Gift

Als Wildpflanzen finden wir die beiden Amaryllisgewächse nur selten in unserer Region, häufiger noch im Hochwald und der Eifel. Gelegentlich tauchen sie als verwilderte Gartenflüchtlinge auf. Doch so sehr wir uns auch an ihrer seltenen Schönheit erfreuen mögen, sollten wir doch ihre Giftigkeit nicht verkennen. Während das Weidevieh die Pflanze auf der Wiese verschmäht und auch die Blätter zur Zeit der Heuernte glücklicherweise längst verschwunden sind, kann sie dem unwissenden Menschen durchaus gefährlich werden. Gelangen etwa die im Handel erhältlichen Blumenzwiebeln versehentlich auf den Speiseplan, sind Übelkeit, Erbrechen und Schockzustände

Bild 72: *Bereits bei den alten Griechen und Römern galt die weiße Narzisse als Blume der Dichter und so verbindet sich auch ihr Name mit einer antiken Dichtung.*

die geringsten Folgen. Allein der Saft eines Blütenstieles soll einem vierjährigen Mädchen zum tödlichen Verhängnis geworden sein. Verantwortlich für die Giftigkeit sind die in allen Pflanzenteilen enthaltenen Alkaloide, die auch eine schwere Narzissendermatitis bei Hautkontakt hervorrufen können, eine der häufigsten Berufserkrankungen von Gärtnern und Floristen während der Steck- bzw. Blütezeit unserer Osterglocken.

Schöner Grieche

Bereits die Griechen kannten ihre todbringende Wirkung und benannten sie vermutlich nach ihrem Wort „nárke" für Betäubung und Erstarrung. Andere Literaturquellen berufen sich diesbezüglich auf den intensiven, „betäubenden" Duft der Blüten. Allerdings waren zur Zeit der Antike solcherlei Herleitungen eher trivial und so berichtet uns der römische Schriftsteller Ovid (43 v. Chr. bis etwa 17 n. Chr.) in seiner Dichtung „Metamorphosen" von einer weitaus romantischeren Version der Namensgebung. Gemäß einer griechisch-römischen Legende ist unsere Pflanze nach dem schönen Narcissus benannt, welcher von der Bergnymphe Echo begehrt wurde. Jedoch war der Schönling, seit er sein Spiegelbild in einem Quellwasser erblickte, nur noch in sich selbst verliebt. Die zehrende Kraft der unerfüllten Liebe ließ die Nymphe derart abmagern, dass nichts mehr von ihr übrig blieb als die wiederhallende Stimme, welche wir noch heute unter ihrem Namen kennen. Nicht viel besser erging es dem Narcissus, der sich in dem Kummer verzehrte, sich seinem eigenen Bilde nur in unbefriedigender platonischer Betrachtung hingeben zu können, bis sich ein mitleidiger Gott erbarmte und den Sterbenden in die Blume verwandelte, die bis heute seinen Namen trägt.

Bild 73: *Wegen der Form Ihrer Nebenkrone trägt die Gelbe Narzisse Namen wie Märzenbecher, Osterglocke, Gänsekragen.*

Im Altertum galt die Narzisse als Totenblume. Sie war gemäß der griechischen Mythologie dem Gott Pluton geweiht, dem Herrscher über die Verstorbenen im Hades, der Unterwelt. Und so wie seine Gemahlin Persephone den toten Narcissus als Blüte in ihren Kranz aufnahm, so bekränzte auch der gläubige Grieche das Haupt eines verstorbenen Angehörigen mit dieser Blume des Todes.

Bild 74: *Im Saarland gibt es nur wenige Stellen mit wilden Narzissen und dort auch nur mit jeweils wenigen Exemplaren.*

Die Orchideen

Während die Orchideen in den tropischen Regionen die artenreichste Pflanzenfamilie stellen, haben sich in unseren kühleren Breiten nur wenige Arten niedergelassen. Gleichwohl darf man sie hierzulande in vielerlei Hinsicht als die Aristokraten unter den Wildblumen betiteln, zeichnen sie sich doch durch die Attribute schön, selten, geschützt und hochangesehen aus. Auch die botanische Wissenschaft billigt den Orchideen eine Sonderrolle zu. Dort stellt man sie nämlich an den Gipfel der Entwicklungslinie der Einkeimblättrigen Pflanzen. Auffällig wird dies insbesondere in deren sehr komplexem Blütenbau, welcher gegenüber unserer einfachen Tulpe, dem wohl allseits bekannten Schulbeispiel einer Pflanzenblüte, zahlreiche Abwandlungen erfahren hat. Dabei ist dem Laien oftmals nicht mehr ersichtlich, was an einer Orchideenblüte nun Blüten-, Staub- und Fruchtblätter sein mögen.

Seltene Schönheiten

Während es sich bei den tropischen Orchideen meist um baumbewohnende (epiphytische) Pflanzen handelt, haben sich die Arten unserer Region der für die hiesige Flora typischen irdischen Lebensweise angepasst. Einige sind ausgesprochene Waldbewohner, die meisten allerdings lieben warme, trockene, magere Viehweiden oder Mähwiesen insbesondere in unseren Muschelkalkgebieten und

Bild 75: *Das Breitblättrige Knabenkraut findet sich im Saarland noch recht häufig, insbesondere in feuchten Wiesen.*

Bild 76: *Die Hummel-Ragwurz ist die häufigste Art ihrer Gattung im Saarland. Sie liebt die warmen Magerrasen der Muschelkalkgebiete.*

sind anderswo nicht konkurrenzfähig. So bleiben die meisten unserer heimischen Orchideen auf Gedeih und Verderb auf diese Form unserer Kulturlandschaft angewiesen. Eine aufkommende Verbuschung und Bewaldung oder Umwandlung in eine gedüngte Mähwiese würden sie nicht überleben. So stehen heute viele unserer Orchideenwiesen unter gesetzlichem Landschaftsschutz, die einzelnen Spezies selbst unter Artenschutz, denn nicht zuletzt ihrer seltenen Schönheit wegen mag manch vermeintlicher Blumenfreund sie allzu gerne ausgraben, um sie im häuslichen Garten sein Eigen zu nennen.

Getäuschte Liebe

Auch unsere Altvorderen waren von der ausgesprochenen Formenvielfalt der Orchideenblüten beeindruckt und gaben ihnen entsprechend ihrer äußerlichen Form heute noch leicht nachvollziehbare Namen. Der Hängende Mensch (Aceras anthropophorum) etwa, auch Fratzenorchis genannt, trägt seinen ungewöhnlich makaberen Namen offensichtlich zurecht. In den vielgestaltigen Blüten unserer Ragwurz-Arten (botanische Gattung Ophrys) sahen unsere Ahnen die Ebenbilder von Spinnen, Hummeln, Fliegen und Bienen. Dabei wollen diese Blumen tatsächlich den Körperbau mancher Insektenarten vortäuschen, versuchen sich doch manche verwirrte Insektenmännchen an diesen vermeintlichen Weibchen im Liebesspiel und übertragen dabei die Pollen von einer Blüte zu anderen.

Bild 77: *Eine Ragwurz-Blüte: Für uns Menschen einfach nur schön, für manches Insekt sogar erotisch*

Bild 78: *In unseren heimischen Orchideen-Wiesen ist auch der Ohnsporn (Hängender Mensch, Fratzenorchis) nicht selten.*

Hodenblumen

Für unsere Ernährung und Medizin sind die einheimischen Orchideen heute bedeutungslos. Gleichwohl waren bereits die Griechen und Römer von den beiden unterirdischen hodenförmigen Speicherknollen mancher Arten recht angetan. Und ähnlich den liebestrunken getäuschten Kerbtieren ist man auf dieses äußere Erscheinungsbild hereingefallen und glaubte lange Zeit an eine potenzsteigernde innerliche Anwendung. Der Name Orchideen, abgleitet aus dem griechischen „òrchis“ für Hoden, sowie deren deutsche Bezeichnung als Knabenkräuter sind uns aus dieser Zeit geblieben.

Bild 79: *Woran schon die alten Götter sich labten, dort ist für eine Biene und einen Distelfalter wohl auch was zu holen.*

Der Rainfarn

Wenn auch seine althochdeutsche Bezeichnung „reinfano“ darauf schließen ließe, ein reiner Farn ist unser Rainfarn nun wirklich nicht. Tatsächlich handelt es sich bei dieser im Saarland sehr häufigen Pflanze um einen Korbblütler und damit im Gegensatz zu den echten Farnen um eine hochentwickelte Blütenpflanze. Mit „rein“ meinten unsere Urahnen die begrenzende Bodenerhebung zwischen den Feldern und Wegen, unseren heutigen Rain. Gerade dort finden man ihn eben sehr oft, als eine bis zu anderthalb Meter hohe Grenz-Fahne (althochdeutsch: fano). Die spätere sprachliche Umwandlung dieser Fahne zu Farn begründet sich in den gefiederten farnähnlichen Blättern der Pflanze. Jenseits der Raine finden wir das Kraut in Auwäldern, entlang von Fließgewässern, auf Waldschlägen und sonstigen frei gehaltenen Flächen. Sein heutiges Verbreitungsgebiet in Europa und Nordasien scheint an den Einfluss des Menschen gebunden. Seine eigentliche Urheimat lässt sich nicht mehr ergründen. Die Blütezeit erstreckt sich vom Juli bis in den September.

Ambrosia, Speise der ewigen Jugend

Die antiken Schriftgelehrten erwähnen die Pflanze offensichtlich nicht, es sei denn, es handele sich tatsächlich, wie einige Gelehrte vermuten, um das in der griechischen Mythologie bedeutsame Gewächs, aus welchem die Nahrung der Götter, die „Ambrosia“, bereitet wurde. Dargereicht vom Mundschenk Ganymed bewirkte diese Speise die ewige Jugend und Unsterblichkeit der Götter. Von dem griechischen Begriff „athanasia“ für Unsterblichkeit könnte sich auch der botanische Pflanzenname Tanacetum herleiten. Dieser findet seine erste schriftliche Erwähnung allerdings erst im neunten Jahrhundert nach Christus.

Manch einer wird sich wohl persönlich von dieser Wirkung unseres Rainfarns überzeugen wollen. Wer sich allerdings an dessen durchaus auch psychoaktivem Inhaltsstoff, dem giftigen Thujon, allzu sehr berauscht, kann neben Übelkeit, Durchfall, Erbrechen, Krämpfen und Koma auch seine Sterblichkeit leidlich erfahren.

Bild 80: *Im jungen, nicht blühenden Zustand ähnelt der Rainfarn mit seinen gefiederten Blättern tatsächlich einem Farn. Allerdings geht die letzte Silbe seines Namens auf den althochdeutschen Begriff für „Fahne“ zurück.*

Ungarischer Wurmsamen

Der heiligen Hildegard von Bingen (1098-1179) galt der Rainfarn dagegen bei Zugabe zu Fleisch oder Kuchen als Kultpflanze, deren Genuss im Frühling neue Lebenskräfte verleihen sollte. So ließen sich denn auch unsere Vorfahren im Spätmittelalter nicht davon abhalten, das Kraut als viel genutzte Heilpflanze zu verwenden.

Weitere Namensgebungen, wie Wurmkraut und Wurmfarn, belegen seine vorwiegende Verwendung als Mittel zur Abtötung von Eingeweidewürmern (Spul- und Bandwürmer). Die Bezeichnungen Pferderaute und Pferdegarbe deuten auf ihre diesbezügliche Anwendung auch bei größeren Nutztieren hin. Als „Ungarischer Wurmsamen“ kamen die Früchte in den Handel. Auch gegen äußerliches Ungeziefer wie Flöhe und Kopfläuse fand die Pflanze ihren Nutzen.

Daneben galt der Rainfarn als anregend, verdauungsfördernd, harntreibend, nervenberuhigend, desinfizierend, in höherer Dosierung auch abtreibend. Zu heutiger Zeit wird das Kraut allerdings sowohl in der Schul- als auch in der Volksmedizin kaum mehr genutzt. Zu groß ist das Risiko einer giftigen Überdosierung, insbesondere bei Verwendung des Destillates.

Zu alter Zeit fanden die jungen Blütenknospen Verwendung als Kapernersatz. Die holzigen Stängel dienten als Stäbchen (so genannte Wurstspeile), womit man Würste zum Räuchern aufhing. Wegen des lang anhaltenden Duftes der Blätter legte man sie in manchen Gegenden ähnlich dem Rosmarin und Ysop in die Gebetsbücher ein.

Das Salomonssiegel

Die Wildblumengattung Polygonatum, im Deutschen als Salomonssiegel, Weißwurz oder Springwurzel bezeichnet, ist im Saarland mit mindestens zwei Arten vertreten. Dabei ist das Vielblütige Salomonssiegel (Polygonatum multiflorum) ein häufiger Bewohner unserer schattigen Wälder, während das Quirlblättrige (P. verticillatum) sich auf die Bergwaldregion im Norden unseres Bundeslandes beschränkt. Das lichtbedürftigere Wohlriechende Salomonssiegel (P. odoratum) ist bei uns dagegen recht selten geworden, wenn nicht sogar gänzlich verschwunden. Alle drei Arten dieser Liliengewächse bringen ihre kleinen weißen Blüten von Mai bis Juni hervor.

Das Siegel des Königs

Der Namenspatron des Salomonssiegels ist, wie könnte es anders sein, König Salomon (965-926 v.Chr.), der weise und mächtige König von Israel und Juda. Schließlich hat er ja selbst der Legende nach der Pflanze seinen Siegelring aufgedrückt. Die tatsächlich an Siegel erinnernden Narben auf dem unterirdisch kriechenden weißen Wurzelstock (daher „Weißwurz“) sind nichts anderes als die Abbruchstellen der Blütentriebe vormaliger Vegetationsperioden. Auch der wissenschaftliche Name Polygonatum, abgeleitet aus dem griechischen poly (viel) und gony (Knie, Knoten), weist auf diese zahlreichen Narben hin.

Bild 81: *Das Wohlriechende Salomonssiegel scheint aus dem Saarland verschwunden zu sein. An den heißen Schieferhängen der unteren Saar befinden sich noch naheliegende Bestände.*

Bild 83: *Die Weißwurz bietet ihre Früchte zum Essen feil. Für Menschen sind diese allerdings schwach giftig.*

Explosive Wurzel

In unsere Märchen und Sagen hat das Salomonssiegel unter dem Namen Springwurzel (ableitet von „Sprengen“) als Zauberpflanze Einzug gehalten. Durch Stein, Eisen und verschlossene Tore bahnt es dort den Weg seines Besitzers zu den verborgenen Schätzen. Immerhin soll auch König Salomon den Felsen, auf dem er den Jerusalemer Tempel errichten ließ, mit Hilfe dieser Pflanze gesprengt haben. Man bemerkt die Pflanze daran, dass an ihr die Sensen zerschellen und den Pferden die Hufe abspringen, allerdings bleibt sie für den Menschen unsichtbar. Der Sage nach ist die Beschaffung einer solchen unauffindbaren Springwurzel dennoch möglich:

Man treibt einen Keil in die Öffnung eines Spechtnestes und wartet geduldig auf die Rückkehr des Vogels. Der Specht kommt heran und da er sein Nest verschlossen vorfindet, fliegt er davon, um die alles sprengende Wurzel zu holen. Er hält die Pflanze an den Keil, der daraufhin sofort herausspringt. Erschrickt man nun das Tier, wird es sofort die Wurzel fallen lassen, die man dann getrost in Besitz nehmen kann, um sie für eigene Zwecke zu nutzen.

Alle drei unserer leicht giftigen Salomonssiegel, insbesondere das Wohlriechende, fanden früher Verwendung sowohl in der heimischen Volksmedizin als auch in der Apotheke. Unter der Drogenbezeichnung Radix Sigilli Salomonis halfen sie bei Quetschungen und Entzündungen. Aufgrund der äußerlichen Ähnlichkeit der „Wurzelnarben“ mit Hühneraugen glaubte man, sie auch zum Vertreiben selbiger gebrauchen zu können.

Ein weiterer Bruder unserer Salomonssiegel aus Nordmexiko, Polygonatum canaliculatum, gilt bei den dortigen Kickapo-Indianern als Zauberpflanze. Der Besitzer der Wurzel ist auf magische Weise vor allerlei Krankheiten und Hexen geschützt. Zudem wirkt sie als Liebeszauber und sorgt für Treue unter den Ehepaaren.

Bild 82: *An den unterirdischen, weißen Sprossen sind die Abbruchstellen ehemaliger Blütentriebe als Narben erkennbar.*

Der Sauerampfer

Wer von den Älteren kennt ihn nicht, den prickelnden Geschmack von Sauerampfer, frisch von der Wiese gepflückt? Lange ist es nicht her, da wusste noch jedes Kind, wo man ihn findet. Ja, das waren noch Zeiten, als dieser Genuss noch bedenkenlos möglich war. Heute hegt unsere Gesellschaft eher Zweifel an der Essbarkeit unserer Wildkräuter ohne aufwendige Säuberung. Zunächst die Abgase aus Industrie und Automobilen, später die Folgen von Tschernobyl und mittlerweile auch der Fuchsbandwurm sind Ursache für unsere heutigen Ängste, mit denen wir uns selbst und unsere Kinder von diesem natürlichen Genuss abschrecken lassen, sei es nun bei den diversen Wildbeeren, dem Löwenzahn, Gänseblümchen oder Sauerampfer.

Bild 84: *Der Große Sauerampfer ist eine häufige Pflanze in unseren fetten Wiesen. Auch Schnecken mögen seine Blätter zum Fressen gerne.*

Bild 85: *Die Blüten des Kleinen Sauerampfers, wegen seines Vorkommens auf nährstoffarmen Böden auch Hungerstängel genannt*

In groß und klein

Die Botaniker reihen unseren heimischen Sauerampfer in die Gattung Rumex innerhalb der Pflanzenfamilie der Knöterichgewächse ein. Bei diesen Ampfern können wir im Saarland über ein Dutzend Arten unterscheiden. Vernachlässigt man die heutige wissenschaftliche Abtrennung diverser Kleinarten, dürfen sich allerdings nur zwei davon als Sauerampfer bezeichnen, namentlich der Kleine Sauerampfer (Rumex acetosella) sowie der eigentlich echte, der Große Sauerampfer (Rumex acetosa). Der typische Geschmack dieser beiden Ampfer-Arten geht auf deren vergleichsweise hohen Gehalt an Oxalsäure zurück, welche wir als intensiven Geschmacksstoff auch von anderen Nahrungspflanzen her kennen, so etwa unserem Rhabarber oder den exotischen Sternfrüchten (Karambolen). Dieser Oxalsäure wegen warnen uns die modernen Ernährungswissenschaftler vor allzu reichlichem Genuss.

Rote Wiesen

Beide Sauerampfer-Arten sind nahezu auf der ganzen Welt verbreitet. Während der Kleine eher trockene Standorte bevorzugt und kalkhaltige Böden streng meidet, findet man den Großen vermehrt auf feuchten Wiesen und Äckern. Letzterer wird daher auch Wiesen-Sauerampfer genannt und kann derart massenhaft auftreten, dass seine eigentlich recht kleinen

Blüten und Früchte ganze Wiesenlandschaften rot einfärben. Der Bauer sieht dies allerdings nur ungern, denn das grobstängelige Kraut bietet nur ein minderwertiges Viehfutter und kann bei den Weidetieren sogar unangenehmen Durchfall verursachen. Durch Entwässerung der Wiese oder Düngung mit Mergel oder Thomasschlacke wurde dem massenhaften Auftreten dieser Pflanze zu früheren Zeiten begegnet.

Die Speere der Römer

Der botanische Gattungsname Rumex geht auf die Bezeichnung der Ampfer bei den Römern zur Zeit der Antike zurück. Diese bezogen sich bei dieser Namensgebung auf ihren als Rumex bezeichneten Wurfspeer, dessen Form den pfeilförmigen Blättern einiger Ampfer-Arten recht nahe kam. Auch der Wortstamm des lateinischen „acetosus" (sauer) findet sich im wissenschaftlichen Namen beider Sauerampfer-Arten wieder. Der deutsche Begriff Ampfer leitet sich ab vom indogermanischen „amro" (germanisch: ampra), welches einen scharfen, bitteren oder saueren Geschmack bezeichnete. Die Naturheilkunde nutzt den Sauerampfer bei Appetitlosigkeit und Harnverhaltung sowie zur Blutreinigung. Die alte Volksmedizin sprach sogar von einer fiebersenkenden Wirkung bei der Pest. Die Juden schworen im Mittelalter ihren Eid auf die Bücher Moses, nachdem sie gemäß einer Vorschrift Sauerampfer zweimal vom Kopf aus im Umkreis ihrer Füße gestreut hatten. Und von noch einer Wirkung spricht der Volksmund seit jeher: Sauer macht lustig.

Bild 86: *Mit der Namensgebung Roter Heinrich hat der Volksmund den Großen Sauerampfer als Kobold personifiziert.*

Die Schafgarbe

Der Held von Troja

„Rein mit laulichem Wasser spült er das schwärzliche Blut; dann streut er die bittere Wurzel drauf, mit den Händen zermalmt, die lindernde, welche die Schmerzen alle bezwang, und es stockte das Blut in erharschender Wunde“ so beschreibt der griechische Schriftsteller Homer (8. Jahrhundert vor Christus) in seiner Ilias die Begebenheit, als Patroklus den verwundeten Eurypylus heilt. Höchstwahrscheinlich ist mit der hier verwendeten Wurzel die Schafgarbe gemeint. Das Wissen um die Heilkraft mancher Pflanzen hat Patroklus von seinem Freund Achilles gelernt, dem Sohn des Königs Peleus und der Meergöttin Thetis, Schüler des Zentauren Chiron und Held der trojanischen Kriege. Ihm zu Ehren erhielt die Schafgarbe ihren wissenschaftlichen Namen Achillea millefolium.

Tausend Blätter

Die ursprünglich in Europa und Asien verbreitete Pflanze (mittlerweile auch in Nordamerika eingebürgert) ist in unserer Region recht häufig anzutreffen, insbesondere auf Wiesen und Weiden. Das allseits bekannte Kraut ist mit sehr fein zerteilten Blättern versehen, welche den Eindruck erwecken, aus tausend kleinen Blättchen zusammengesetzt zu sein, woher schließlich der lateinische Beiname „millefolium“ (Tausendblatt) stammt. Ihren deutschen Namen verdankt sie ihrem häufigen Vorkommen auf Schafweiden. Der Namensbestandteil „Garbe“, der vielerorts auch allein für unsere Pflanze gebraucht wird, ist bezüglich seiner Herkunft ungewiss. Er geht auf das althochdeutsche garawa (mittelhochdeutsch garwe) zurück. Sollte sich dieses Wort auf das germanische garwa beziehen, dann hieße die Pflanze die „Bereitgestellte“, vermutlich wegen ihrer ausgedehnten Verwendung als Heilpflanze.

Allerweltsheil

Tatsächlich gehört die Schafgarbe zu unseren ältesten Heilkräutern, war sie doch bereits Hippokrates (460-370 v.Chr.), dem griechischen Arzt und Begründer der wissenschaftlichen Medizin der Antike, als solches bekannt. Bis zur heutigen Zeit findet das Kraut in der Volksmedizin als Hausmittel gegen allerlei Krankheiten Verwendung. Dabei ist die Bandbreite seines Einsatzes derart

Bild 87: *Im Detail des doldenartigen Blütenstandes erkennt man die einzelnen, mit strahlenden Randblüten versehenen Blütenkörbchen, ein Korbblütler also, kein Doldenblütler.*

Bild 88: *Den Landwirt stört die Schafgarbe auf seinen Weiden nicht. Sie liefert ein gutes Viehfutter. Zudem verträgt sie den Verbiss recht gut und ist widerstandsfähig gegen Dürre, Hitze und Kälte. Eine Schönheit ist sie allemal.*

umfangreich, dass sie hier nicht ausreichend gewürdigt werden kann. Andererseits sollte nicht unterschlagen werden, dass zu den jeweiligen Verwendungszwecken fast immer auch eine spezifisch bessere Heilpflanze zur Verfügung steht. Hervorhebenswert scheint allerdings die bereits eingangs beschriebene blutstillende Wirkung. Auch soll bei frauentypischen Leiden, wie Unterleibskrämpfen verbunden mit Kreuz- und Brustschmerzen, eine mehrwöchige Kur mit Schafgarbentee Linderung versprechen. Überhaupt wird das Kraut gerne wegen seiner allgemein tonisierenden, krampflösenden und entzündungshemmenden Wirkung vielen Kräutertee-Mischungen beigefügt, wenngleich zu bedenken gilt, dass manch einer bei äußerlichem oder innerlichem Kontakt mit der Schafgarbe allergisch reagieren kann.

Als Gewürzpflanze eignet sich die Schafgarbe hervorragend zur Zubereitung fetter Speisen sowie für Salate, Suppen und Eintöpfe. Auch kam sie zu früheren Zeiten an Stelle von Hopfen beim Bierbrauen zum Einsatz. In Schweden diente sie sogar als Tabakersatz. Im schweizerischen Basel galt gemäß des dortigen Volksglaubens ein Bündel mit Schafgarbe und anderen Kräutern als wirksam gegen die „Verhexung" des Viehs. Den alten Chinesen war sie bei gewissen Orakeln dienlich und auch manch nordamerikanischem Indianer ist sie noch heute als Tee getrunken bei der Suche nach Visionen hilfreich.

Das Scharbockskraut

Noch im kalendarischen Winter, wenn die Sonne die gefrorene Erde wieder zu erwärmen beginnt, blüht unser Scharbockskraut. Meist in dichten Teppichen bedeckt es ab März den Boden mit seinen glänzenden Blättern und sternförmigen, gelben Blüten. Dabei liebt es feuchte, schattige Stellen, unter Gebüsch, an Quell- und Bachufern, in Laubwäldern und Flussauen. Verbreitet ist es in ganz Europa und dem Orient.

Wider den Skorbut

Sein frühes Erscheinen im Jahr war unseren Urahnen auch bitter nötig, lieferte es doch eine erste vitaminreiche Beikost nach dem langen entbehrungsreichen Winter. Insbesondere der hohe Vitamin-C-Gehalt kam dem zu dieser Zeit oftmals unter Skorbut leidenden Volk zu Gute. Diese Vitamin-C-Mangelerkrankung, im Niederdeutschen noch Scharbûk genannt, hat schließlich auch Pate bei der Namensgebung der Pflanze gestanden. Die botanische Wissenschaft bezeichnet sie als Ficaria verna oder Ranunculus ficaria. Letzteres verrät auch ihre Zugehörigkeit zu der auch im Saarland mit zahlreichen weiteren Gattungen und Arten vertretenen Pflanzenfamilie der Hahnenfußgewächse (Ranunculaceae). Während sich „verna“ noch einfach aus dem Lateinischen „zum Frühling gehörend“ zuordnen lässt, muss man sich bei „Ficaria“ in den Volksglauben vergangener Zeiten hineindenken. Damals glaubte man nämlich, mit Hilfe der zerstoßenen Pflanze

Bild 89: *Seinem schattigen Standort verdankt die Pflanze den Namen „Kätzchen hener de Hek“ im Raum Saarlouis (Diefflen).*

Bild 90: *Die äußere Blütenform regte den Volksmund zu Namen wie Sternblume, Schmalzstern und Spinnradl an.*

unansehnliche und schmerzende Feigwarzen behandeln zu können, und nannte das Kraut daher auch „Feigwurz". Die Feige wiederum heißt im Lateinischen Ficus, woraus sich unser Ficaria ableitet. Übrigens gebrauchte der Germane das Wort „Wurz" im Allgemeinen wie „Kraut", also für die ganze Pflanze und nicht nur für die Wurzel, heute noch erkenntlich in unserem „Gewürz".

Es regnet Getreide

Um im Frühjahr zeitig aus den Startlöchern zu kommen, hat sich das Scharbockskraut bereits im Vorjahr unterirdische Wurzelknöllchen als Nährstoffspeicher angelegt. In Form und Größe erinnerten diese unsere Altvorderen an Hämorrhoiden. Im Geiste der so genannten Signaturenlehre, wonach sich Ähnliches mit Ähnlichem behandeln lässt, hegte man lange Zeit große Hoffnung auf einen diesbezüglich heilsamen Einsatz der Pflanze, den die heutige Wissenschaft dem Kraut allerdings gänzlich abspricht.

Eine Variante des Scharbockskrautes produziert zudem in den Achseln der Laubblätter kleine getreidekornförmige Knöllchen, welche der vegetativen Vermehrung und Ausbreitung der Art dienen. Nach heftigen Regenfällen werden diese zuweilen in einer solchen Menge zusammengespült, dass der Volksmund von einem wahren Getreideregen spricht. Dies erklärt die österreichischen Benennungen Erdgerste, Himmelgerste und Himmelbrot für unsere Pflanze.

Essbar ist das Scharbockskraut allerdings nur unter Vorbehalt. Die jungen Triebe sollen noch einigermaßen genießbar sein, während die ältere Pflanze zunehmend scharf schmeckend und schwach giftig wird. Einige Volksstämme wussten damit wohl ganz gut umzugehen, wie eine weitere Bezeichnung unserer Pflanze als „Zigeunersalat" vermuten lässt. Die siebenbürgische Benennung „Hänkelsalat" geht auf die Vorliebe der Hühner für die jungen Blätter zurück.

Die Schlüsselblume

Als Primula, abgeleitet aus dem lateinischen „prima“ (die Erste), hat der bekannte schwedische Botaniker Carl von Linné eine Pflanzengattung wissenschaftlich benannt, weil viele ihrer Arten als erste Frühlingsboten das Ende des langen Winters verheißen. Etwa 500 Primelarten sind auf der Nordhemisphäre, insbesondere in den Gebirgen, verbreitet. Viele davon erfreuen uns heute in zahlreichen züchterischen Variationen als farbenfrohe Zierpflanzen in Gärten und Parkanlagen. In unserer Region wirklich zu Hause sind lediglich zwei Arten, welche wir aber gewöhnlich eher als Schlüsselblumen denn als Primeln kennen.

Christliche Legende

Unsere Echte Schlüsselblume (Primula veris) liebt trockene, sonnige Wiesen und lichte Gebüsche, während die ähnliche Hohe Schlüsselblume (P. elatior) eher in etwas schattigen und feuchten Laubwäldern zu finden ist. Im Sprachgebrauch werden beide Arten allerdings vom Volksmund nicht unterschieden. Ihr deutscher Name leitet sich von der Ähnlichkeit des Blütenstandes mit einem Schlüsselbund ab. Als Schlüsselblume bezeichnet man sie erst seit dem 16. Jahrhundert. Frühere Zeit kennt die Pflanze als Himmelsschlüssel (althochdeutsch: himilsluzzil). Einer christlichen Legende nach ist kein Geringerer als der Himmelspförtner Petrus für den Ursprung der Pflanze verantwortlich. Als man ihm einst die schlechte Botschaft von im

Bild 91: *Bei der Hohen Schlüsselblume liegt der Kelch dicht an der Kronröhre, der Saum der Krone ist ausgebreitet.*

Bild 92: *Der Saum der Krone ist bei der Echten Schlüsselblume glockenförmig, die Kelchröhre wirkt wie aufgeblasen. Daher rührt ihr Name Plusterhose in Schlesien.*

Umlauf befindlichen Nachschlüsseln zur Himmelspforte überbrachte, hat er vor Schreck seinen eigenen Bund mit den Himmelsschlüsseln zur Erde fallen lassen. Dort, wo dieser den Boden berührte, soll unsere Schlüsselblume entstanden sein. Auch ihr weiterer Name Petersschlüssel soll an diese Begebenheit erinnern. Mit ihrem frühen Erblühen vermag sie gemäß einem weiteren Volksglauben den Frühlingshimmel zu öffnen, um den ausklingenden Winter gänzlich zu vertreiben.

Nordische Sage

Während die antike Mythologie unsere Schlüsselblume nicht erwähnt, steht diese Pflanze, wie auch das Salomonssiegel und die Wegwarte, im Verdacht, die namentlich unbekannte „Wunderblume" der nordischen Sage zu sein. Demjenigen, der diese am Hute trägt, zeigen und öffnen sich die Eingänge zu den verborgenen irdischen Schätzen. Nach Ansicht der Oberbayern soll man mit Hilfe der am Walpurgistag (1. Mai) vor Sonnenaufgang gepflückten Fastenblume, wie sie dort aufgrund Ihrer Blütezeit auch genannt wird, das kranke Vieh heilen können.

Sowohl in der klassischen Medizin als auch in der modernen Naturheilkunde finden Wurzel, Blätter und Blüten unserer beider Primelarten Verwendung. Als Tee aufgegossen sollen ihre Inhaltsstoffe, insbesondere die so genannten Saponine, bei hartnäckigen Bronchialleiden mit ungenügendem Hustenauswurf hilfreich sein. In alter Zeit wurde gerne auf den „weinigen Auszug", den Schlüsselblumenwein, als bekömmliches und kräftigendes Mittel zurückgegriffen. Auch gebrauchte man die gedörrte und pulverisierte, angenehm nach Anis riechende Wurzel als Niesmittel. Das Ausgraben der Wurzel ist allerdings bei der heutzutage unter gesetzlichem Schutz stehenden Pflanze in freier Natur untersagt. Beim erlaubten Pflücken der Blüten zum begehrten ersten Frühjahrsstrauß sollte man aber bedenken, dass gemäß des alten Volksglaubens der Beginn des Frühlings durch die entwendeten Himmelsschlüssel hinausgezögert wird.

Das Schöllkraut

Wohl nahezu jeder hat Schöllkraut schon einmal bewusst oder unbewusst im Vorbeigehen betrachtet, sei es am Wegesrand bei einem kleinen Spaziergang auf dem Lande oder an einer trockenen Mauer mitten in der Innenstadt. Eine der typischen Pflanzen, die man gerne als Unkraut bezeichnet.

Um sich in alle möglichen Winkel unserer Lebensräume tragen zu lassen, hat sich die Pflanze eine faszinierende Methode einfallen lassen, ihre Samen zu verbreiten. Sie versieht ihre kleinen Nachkommen mit einem zusätzlichen nährstoffreichen Eiweißkörper, der bei Ameisen als Nahrung sehr beliebt ist. Letztere tragen ihr Mittagessen und somit die Samen in die entlegensten Ecken, wo sie später wieder auskeimen können.

Bild 93: *Am Standort in Fels- und Mauerritzen ist die Pflanze nahezu konkurrenzlos. Wie aber dorthin gelangen?*

Der Stein der Weisen

Viele Geschichten und Mythen handeln von dem Schöllkraut (Chelidonium majus) und viele erzählen von der heilenden Wirkung oder den Ursprüngen der vielen Namen, die es trägt. Einige sehen es als unumstritten an, dass „Schöllkraut“ oder „Schellkraut“ durch Eindeutschung der von den Griechen und Römern zu uns gedrungenen Bezeichnung „Chelidonium“ entstand.

Wer es schon einmal im heimischen Garten aus den Mauerspalten entfernt hat, kann die Bezeichnung „Blutkraut“ oder „Goldwurz“ wohl nur zu gut nachvollziehen. Die Pflanze ‚blutet‘ nach dem Abbrechen mit einem goldgelb-orangenen Milchsaft, der bereits die Phantasie der Alchemisten anregte. Diese vermuteten in der Pflanze selbst tatsächlich Gold. Dementsprechend fanden sie auch eine sehr interessante Interpretation des Wortes Chelidonium, indem sie es als Zusammensetzung aus den lateinischen Worten caelum (Himmel) und donum (Gabe) ansahen. So schufen sie für den Milchsaft, in dem sie alle vier Elemente mitsamt dem sagenhaften „Stein der Weisen“ vermuteten, den Namen „Himmelsgabe“.

Der Name „Schwalbenwurz“ rührt wiederum von der Geschichte, dass Schwal-

Bild 94: *Die vierkronblättrigen Blüten lassen die Verwandtschaft zum Mohn erahnen.*

Bild 95: *Aus den Abbruchstellen der Stängel quillt goldener Saft. Sollte sich vielleicht das Edelmetall selbst darin finden?*

beneltern bei Augenverletzungen ihrer Jungen angeblich die Pflanze ins Nest tragen, um sie mit der Heilkraft des Krautes zu versorgen (Diese Schwalbenwurz ist nicht zu verwechseln mit der üblicherweise als Schwalbenwurz bezeichneten Vincetoxicum officinale).

Warzenkraut

Eine andere umstrittene Wirkung des Schöllkrautes liegt in der Behandlung von Warzen. Offensichtlich bewirkt die Behandlung mit dem Milchsaft tatsächlich einen Rückgang der beträufelten Warzen. Dieser Effekt wird allerdings nicht bei Jedermann hervorgerufen, noch ist er wissenschaftlich bestätigt. Sehr wohl erklärt es aber die Herkunft der gebräuchlichen Bezeichnung „Warzenkraut".

Trotz vieler wilder Geschichten und Erzählungen findet das Schöllkraut auch in anerkannter Medizin wirkliche Anwendung: Chelidonium enthält als ein Vertreter der Familie der Mohngewächse wie viele andere verwandte Gattungen auch so genannte Alkaloide, die den Opiumalkaloiden des Schlafmohns nahe stehen. Diese Inhaltsstoffe wirken schwach beruhigend, krampflösend auf Bronchien, Darm und Galle. Andere Wirkungen der Pflanze können eine leichte Anhebung des Blutdrucks und eine teilweise Blutzuckersenkung sein, die allerdings nicht auf die Alkaloide zurückgehen. In zu hohen Dosen können leichte bis schwere Vergiftungserscheinungen in Form von u.a. Magenschmerzen, Erbrechen, Benommenheit, Kreislaufstörungen bis (in Ausnahmefällen) hin zum Tod durch Atemlähmung auftreten.

Die Schwertlilie

Gladiolen, Krokusse und Schwertlilien schätzen wir als beliebte Zierpflanzen in unseren Gärten und Parkanlagen. Die Botanik gruppiert diese drei Pflanzengattungen in die Familie der Irisgewächse. Dabei ist die Schwertlilie als einzige Gattung dieses Verwandtschaftskreises mit einer Art auch als Wildpflanze in unserer Region vertreten. Allerdings handelt es sich dabei nicht, wie man ihrem Namen sicherlich entnehmen könnte, um die Deutsche Schwertlilie (Iris germanica). Diese Art kommt ursprünglich weder hier noch im übrigen Deutschland vor. Die irreführende Bezeichnung geht darauf zurück, dass sich die Deutschen diese im Mittelmeergebiet beheimatete, blaublühende Iris bereits vor langer Zeit als Zierpflanze zu eigen gemacht haben. Lediglich als weggeworfener Gartenabfall ist sie hier und dort auch verwildert vorzufinden, so an einem Steilhang in der Nähe des saarländischen Brotdorf. Aber auch die in Deutschland und im sonstigen Europa weit verbreitete Blaue Schwertlilie (Iris sibirica) taucht im Saarland als Wildpflanze nicht auf.

Bild 96: *Adebarsgeld*

Der falsche Kalmus

In unserer Region wirklich heimisch ist lediglich die Gelbe Schwertlilie (Iris pseudacorus). Besonders im nördlichen und mittleren Saarland ist sie recht häu-

Bild 97: *Die schönen gelben Blüten sind leider ohne Duft und nur sehr kurzlebig.*

fig. Sie wächst zumeist an Sümpfen, Ufern und feuchten Waldrändern. Ihre schwertförmigen Blätter, welche bereits vor geraumer Zeit den Kindern bei Ritterspielen als Waffe dienten, haben dieser Gattung ihren deutschen Namen gegeben. Der botanische Artname „pseudacorus“ (falscher Kalmus) geht auf die Ähnlichkeit der Blätter mit eben dieser Pflanze, dem Kalmus (Acorus calamus), zurück. Überhaupt hatten unsere Vorfahren Schwierigkeiten damit, einige Sumpfpflanzen wie Iris, Kalmus, Schwanenblume, Schilf und Binsen vor allem in deren nichtblühendem Zustand zu unterscheiden. So wurden diese langblättrigen, gras- oder schilfähnlichen Sumpfgewächse im Sprachgebrauch unserer Ahnen vielfach nicht auseinander gehalten. Unsere Schwertlilie etwa galt mancherorts einfach als Gelber oder Breiter Schilf. Der wissenschaftlich-botanische Gattungsname „Iris“ geht auf die griechische Bezeichnung für den Regenbogen zurück und erklärt sich in der Farbenpracht mancher Schwertlilienarten, insbesondere solcher aus dem Mittelmeerraum.

Wegen der großen, flatternden Blumen vergleicht der Österreicher unsere Schwertlilie mit Fledermäusen und nennt sie daher Fledermais. Andere Namensgebungen gehen auf die storchschnabelähnlichen Früchte zurück (Adebarsblom) oder nehmen Bezug auf die in den Früchten geldrollenartig gestapelten Samen (Adebarsgeld).

Wurzel des Glücks

Als Nahrungs- oder Heilpflanze spielte unsere Gelbe Iris nur eine untergeordnete Rolle. Zu alten Zeiten hatte sie aber durchaus einen praktischen Nutzen. Ihre stärkehaltige Wurzel wurde nämlich zum Steifen der Wäsche verwendet. Zu besonderen Ehren kam diese Iris im Alraunenkult unserer Vorfahren. Dort diente ihre Wurzel wie auch die des Allermannsharnischs (Allium victoriale) oder des gelben Enzians (Gentiana lutea) als Ersatz für die teuere Mandragora-Wurzel aus dem Mittelmeerraum, welche unter der Bezeichnung Alraune als Talisman verehrt wurde. Noch bis zum Ende des 19. Jahrhunderts wurden in Ostpreußen die Wurzelstöcke unserer Gelben Schwertlilie als „Glückswurzeln“ für 10 bis 50 Pfennige je Stück in großen Mengen bis nach Berlin verkauft.

Bild 98: *Die Blaue Schwertlilie hat ihr natürliches Verbreitungsgebiet in Europa und dem gemäßigten Asien. Im Saarland fehlt sie in freier Natur. In unseren Gärten und Parkanlagen wird sie jedoch in zahlreichen Zuchtformen angepflanzt.*

Die Seerose

Während unsere heutigen Lehrbücher der Biologie in emotionsloser Weise und wohl definierten Worten formuliert sind, war dies bei weitem nicht immer so. Noch in der siebten Auflage seines Lehrbuches „Grundriss der Naturgeschichte“ (Leipzig, 1906) beginnt der bekannte deutsche Biologe Otto Schmeil seine wissenschaftliche Beschreibung der Weißen Seerose in recht poetischer Weise: „Der stille Weiher, der schilfumkränzte Teich und der blinkende See erhalten durch die Seerose einen gar prächtigen Schmuck. Unter den riesigen Blättern – so erzählt das Märchen – lauert die Nixe oder Wassermuhme, um denjenigen in die Tiefe zu ziehen, der die herrlichen rosenähnlichen Blüten brechen will.“

Schmeil hat uns damit auch schon die Erklärung der Herkunft des deutschen Namens unserer Seerose gegeben. Die unter Artenschutz stehende Pflanze lebt in stehenden oder träge fließenden Gewässern, Weihern, Teichen und Sümpfen. Ihr ursprünglich häufigeres Vorkommen im Saarland beschränkt sich heute auf manche Altarmreste der Saar und kleine Bestände an der Nied. Allerdings wird sie reichlich in privaten Gartenteichen, Fischweihern und Parkanlagen angepflanzt, so dass ihr Erscheinungsbild auch hierzulande allseits bekannt ist. Äußerlich sichtbar sind nur ihre dem Wasser aufschwimmenden, grünen Blätter und weißen Blüten. Die langen Blüten- und Blattstiele führen durch das Wasser zu einem fest im Gewässerboden verankerten Wurzelstock.

Bild 99: *Bezaubernde Seerose. Doch Vorsicht! Die Elfen des Wassers wachen über sie.*

Der Lotos des Nordens

Unsere einzige heimische Seerosenart, die Weiße Seerose (Nymphaea alba), hat noch etliche Geschwister in den südlicheren Ländern Eurasiens. Dort werden sie oft als Lotosblumen bezeichnet und spielen insbesondere bei Indern, Ägyptern, Griechen und Römern seit Alters her ein bedeutsame Rolle in Mythologie und Religion. (Die eigentlich echten Lotosblumen gehören heute allerdings zur Gattung Nelumbo!) Dabei sollen einige dieser Mythen auf unsere Weiße Seerose übertragen worden sein. Unsere heimische Gelbe Teichrose (Nuphar lutea), auch Mummel genannt, ist ebenfalls in diese Mythen verstrickt. Oftmals lässt sich aus den antiken Schriften eine genaue Zuordnung zur jeweiligen Pflanzenart nicht eindeutig herauslesen.

Die Elfen des Wassers

Letztlich ist die Seerose gemäß der antiken Mythologie göttlicher Herkunft und soll aus einer aus Eifersucht gegenüber Herakles (Herkules) gestorbenen Nymphe entstanden sein, worauf sich auch ihr

Bild 100: *Die Weiße Seerose*

botanischer Name bezieht. An die Stelle der antiken Nymphen treten in unserem Kulturkreis die Elfen des Wassers, auch Nixen, Mümmelelfen oder Mümmeln genannt, von denen es übrigens entsprechend unserer See- und Teichrose Gelbe und Weiße gibt. In unseren Märchen und Legenden tanzen diese Nixen in den Nebelschwaden über den Gewässern oder wachen unter den Schwimmblättern der Seerose über das Wohlergehen der Blume. Wer sich an ihr vergreifen will, wird unweigerlich von den betörenden Gesängen der Elfen in die Tiefe gezogen.

Gemäß dem mittelalterlichen Volksglauben vermag die Seerose warmes in kaltes Wasser zu verwandeln und wurde daher als Fiebermittel eingesetzt, vor allem in Klöstern. Bei den Mönchen und Nonnen galt sie zudem als „Blume der Keuschheit“, war sie doch gemäß deren Glauben auch in der Lage, die „teuflischen Gelüste“ abzukühlen.

Bild 101: *Die Gelbe Teichrose (Mummel)*

Der Sonnentau

Dass Tiere Pflanzen fressen, ist nichts Außergewöhnliches. Der umgekehrte Fall bringt uns jedoch zum Staunen. Von diesen so genannten fleischfressenden Pflanzen haben wir schließlich alle schon einmal gehört, gehen allerdings davon aus, dass solche Dinge nicht hierzulande vorkommen, eher in fernen exotischen Ländern. Doch gibt es zumindest eine solche Pflanze auch in unserer Region in freier Natur, nämlich unseren heimischen Rundblättrigen Sonnentau (Drosera rotundifolia), als einzigen Überlebenden von ehemals zumindest drei im Saarland vorkommenden Sonnentau-Arten.

Lebenskünstler im Moor

Die geringe Häufigkeit des Sonnentaus erklärt sich in seiner sehr speziellen Anpassung an äußerst nährstoffarme moorige Standorte, außerhalb derer er nicht überleben kann. Mittels seiner besonderen Fähigkeit, sich durch den Fang und das Verdauen von Insekten zusätzlich zu ernähren, gelingt es ihm, auf den Polstern der Torfmoose aufzusitzen, einem Refugium, an dem konkurrierende Pflanzen meist hoffnungslos verhungern. Solche Moore sind hierzulande durch Trockenlegung, anderweitige Nutzung oder Veränderung von Uferlandschaften kaum noch vorhanden. In den sonstigen Regionen seines Verbreitungsgebietes der gemäßigten und subarktischen Nordhemisphäre ist unser Sonnentau aber noch relativ häufig.

Zum Fang der Insekten dienen dem Sonnentau mit Schleimtropfen versehene Tentakel an seinen kleinen, runden Laubblättern. Von den Düften und Farben angelockt, verfängt sich manches Insekt und kommt aus der klebrigen Masse nicht mehr frei. Die in den Pflanzentropfen enthaltenen Enzyme zersetzen das Kerbtier bis auf dessen unverdaulichen Chitinpanzer. Die somit freigesetzten Nährstoffe werden von den Tentakeln der Pflanze aufgenommen.

Bild 103: *Doppeltes Spiel: Insekten, die lediglich seine Blüten besuchen, lässt der Sonnentau gerne davonfliegen.*

Bild 102: *Der hierzulande unter Artenschutz gestellte Rundblättrige Sonnentau war zu früherer Zeit in der Homburger Moorniederung und im Hochwald noch weit verbreitet. Heute gibt es nur noch wenige Fundstellen im Saarland, die von wahren Naturliebhabern nicht gerne verraten werden, denn nicht alle Pflanzensammler lassen sich von Natur- und Artenschutzgesetzen abschrecken.*

Göttliche Tränen

In ihrer diesbezüglichen Unwissenheit konnten sich unsere Vorfahren das Erscheinungsbild dieser Pflanze nicht recht erklären. Natürlich lag die Vermutung nahe, dass es sich bei den Schleimtröpfchen um eine Art Tau handeln musste. Allerdings hält dieser sogar der brütenden Mittagshitze stand, so dass mit der Bezeichnung Sonnentau ein nachvollziehbarer deutscher Name wohl schnell gefunden war. Andererseits lassen weitere uralte Namensgebungen, wie Sindaw, Sindau und Sinnthau darauf schließen, dass der Namensursprung in deren korrekter Bedeutung als „Immertau" liegt und aus diesem „sin" (alter deutscher Partikel für „immer") durch spätere volksetymologische Umdeutung erst die Sonne wurde. Der botanische Name Drosera geht übrigens auf die griechische Bezeichnung drósos für den Tau zurück und galt zu alter Zeit auch für den Frauenmantel (Alchemilla), dessen Blattränder zuweilen ebenfalls mit tauartigen Wasserperlen versehen sind.

Dieser merkwürdig dauerhafte Tau der Pflanze war in der Vorstellung unserer Urahnen zauberhaften Ursprunges. Die alten Alchimisten vermuteten darin sogar einen Grundstoff zur Goldgewinnung oder zu dem lange gesuchten Trank, der unsterblich macht. Ein Glas mit vergiftetem Wein sollte man daran erkennen können, dass es bei Zugabe von Sonnentau zerbricht. Gemäß der nordischen Sage verkörpert der Sonnentau die Tränen der Göttin Freia, welche diese ihrem zu fernen Ländern gezogenen Gemahlen Odin nachweinte.

Bild 104: *Der Sonnentau vermag sich auf den Moospolstern der Moore gut zu behaupten. Höher wachsende Konkurrenz muss er auf dem nähr- und sauerstoffarmen Unterbau nicht fürchten.*

Der Storchschnabel

Allzu gerne werden Fensterbänke, Balkongeländer und Mauerkronen zur Zierde der häuslichen Umgebung mit farbenfrohen Blumenkästen versehen. Zu deren Bepflanzung greift man hierzulande nicht selten auf Geranien zurück. Dabei mag der Begriff Geranien für den volkstümlichen Sprachgebrauch ja noch zulässig sein, botanisch gesehen gehören diese exotischen Zierpflanzen allerdings nicht zu dieser Pflanzengattung, sondern zu den nahe verwandten Pelargonien. Geranien selbst haben wir zuhauf in Wald und Flur, allerdings sind sie uns dort unter ihrer deutschen Bezeichnung, den Storchschnäbeln, eher bekannt.

Der Stinkende

Die botanische Gattung Geranium ist mit über 400 Arten über die ganze Erde verbreitet. Im Saarland lassen sich hiervon zehn Arten unterscheiden. Die recht ähnliche und sehr nahe verwandte Gattung Erodium (Reiherschnabel) findet im Sprachgebrauch des Volkes hierzu keine Unterscheidung. Am häufigsten findet man den Stinkenden Storchschnabel, auch Ruprechts- oder Robertskraut genannt (Geranium robertianum). Ein unangenehmer Duft entströmt dieser Pflanze und ist ursächlich sowohl für ihren deutschen Namen als auch für den alten Volksglauben, damit die Motten aus den Kleiderschränken fernhalten zu können. Die einjährige, manchmal auch überwinternde Pflanze ist in Laub- und Nadel-

Bild 105: *Außer dem heiligen Robert war der Stinkende Storchschnabel auch der heiligen Agathe geweiht. Daher rührt sein Name Agathachrut in der Schweiz.*

wäldern zu Hause und findet sich gerne auch an exponierten Stellen, wie schattigen Fels- und Mauerritzen.

Vom Fabelwesen Adebar

Der Gattungsname Storchschnabel leitet sich von der Form der langgezogenen Früchte ab, was bereits den alten Griechen aufgefallen ist, welche mit ihrer Namensgebung gerénion aber lieber den Kranich (griechisch: géranos) als Storch oder Reiher heranziehen wollten. Allein dieser hiesige volkstümliche Vergleich mit dem Storch ist Beleg dafür, dass dieser heute sehr seltene Vogel ein zu alten Zeiten häufiges und allseits bekanntes Tier gewesen sein muss. In der mecklenburgischen Benennung Adebarssnabel und Adebarsbrot für diese Pflanzengattung erkennen wir den Storch unter seinem Fabelnamen. Jener Adebar (veraltet: odeboro) vereint die Begriffe Od (Schatz, vgl. Kleinod) und das gotische bairan (englisch: bear, zu deutsch: tragen), ist doch bis heute noch jedem Kind bekannt, dass dieser Vogel als der Glücksbote schlechthin gilt. Und so wurde auch diese Eigenschaft des Vogels auf unsere Pflanze übertragen und sorgte gemäß des Volksglaubens für Glück und Segen in denjenigen Häusern, in welchen sie als getrocknetes Bündel aufgehängt wurde. Auch der heilige Ruprecht (Robert) gilt als Schutzpatron des Hauses, was eine Erklärung für den weiteren Namen unseres Stinkenden Storchschnabels abgeben könnte. Andererseits neigen die Sprachforscher eher dazu, den Namen Ruprechtskraut auf die rote Färbung von Stängel und Blüten der Pflanze zurückzuführen, und vermuten, dass der Volksmund den ersten Wortteil des althochdeutschen Ruodpert (Ruprecht, Robert; wörtlich: der Ruhmglänzende) als „Rot" fehlgedeutet hat.

Doch so sehr wir dieses Ruprechtskraut als stinkend empfinden mögen, so gerne hüllen wir uns mit einem Inhaltsstoff anderer Storchschnäbel ein, nämlich mit dem nach dieser Pflanzengruppe benannten Duftstoff Geraniol. Dieser ist auch Hauptbestandteil des Rosen- und Zitronenöls und heute ein wichtiges Ausgangsprodukt in der Parfüm- und Genussmittelindustrie.

Bild 106: *Die länglichen Früchte ragen weit aus dem Kelch heraus. Der volkstümliche Vergleich mit den Schnäbeln von Storch, Reiher und Kranich liegt auf der Hand.*

Bild 107: *Zu früheren Zeiten nutzte man das Ruprechtskraut als Heilpflanze gegen allerlei Krankheiten.*

Das Tausendgüldenkraut

Das Echte Tausendgüldenkraut (Centaurium erythraea) ist eines unserer wenigen Enziangewächse im Saarland. Auf Waldschlägen, dürren, warmen Grasplätzen und Äckern, an Feldrainen und Wegrändern wächst die 10 bis 50 cm hohe ein- bis zweijährige Pflanze, welche sich ansonsten in fast ganz Europa, Vorderasien und Nordafrika wiederfindet.

Der freundliche Zentaur

Will man die komplexe Herkunft der deutschen Bezeichnung Tausendgüldenkraut ergründen, muss man sich einerseits in die Sphären der griechischen Mythologie begeben und andererseits die sprachliche Mentalität unserer Vorfahren nachvollziehen. Die Griechen kannten Wesen mit Pferdegestalt, welche anstelle des Kopfes den Oberkörper eines Menschen trugen. Der berühmteste dieser so genannten Zentauren war der jagd- und heilkundige Chiron, der in seiner Höhle viele Heldenjünglinge und Göttersöhne, so etwa Herakles, Achilles, Odysseus, Jason und Asclepias, unterrichtet hat. Zu Ehren dieses menschenfreundlichen Zentauren, den Gottvater Zeus letztendlich in einem Sternbild verewigt hat, wurde unsere Pflanze mit dem Namen Centaurium versehen. Spätere Zeit, die den griechischen Zentauren nicht mehr kannte, zerlegte das vermeintlich lateinische „Centaurium“ in centum (hundert) und aurum (Gold), und vermutete fälsch-

Bild 108: *Im Saarland findet sich das Tausendgüldenkraut besonders häufig im Warndt und im Norden des Saarkohlewaldes. Auf kalkhaltigen Böden wächst es nur selten.*

licherweise den Ursprung des Namens in der hundert Gulden werten Heilkraft der Pflanze. Nun war im Mittelhochdeutschen die Zahl Hundert für übertreibende Zahlbegriffe allerdings nicht gebräuchlich. Diesbezüglich verwendeten unsere Urahnen lieber die Zahl Tausend. Begriffe wie „Tausendfüßler", oder „Tausendschön" (für das Gänseblümchen) sowie Redewendungen wie „Tausend Grüße sende ich Dir" belegen, wie sehr das Volk an diesem Sprachgebrauch hing und so wandelte man das Centaurium letztlich zu unserem heutigen Tausendgüldenkraut.

Bittere Medizin

Während unsere Pflanze aus den heutigen Arzneibüchern und damit aus der Schulmedizin verschwunden ist, hatte sie in der alten Volksmedizin eine wichtige Bedeutung. „Eine Arznei muss bitter schmecken, sonst taugt sie nichts", sagte der Volksmund und so griff man bei den diversen Leiden zu dem bitter schmeckenden Kraut, welches während der Blütezeit von Juli bis September zu ernten ist und als Tee aufgebrüht oder in Wein eingelegt wird. Noch heute findet sich diese Medizin in den Rezepturen unserer modernen Naturheilkunde wieder. Während sie vormals vorwiegend als Fiebermittel Verwendung fand, gelten ihre Bitterstoffe dort als wirksam bei Appetitlosigkeit, mangelnder Magensaftsekretion sowie bei Störungen der Magen- und Darmentleerung.

Im Zauber- und Aberglauben hatte das Tausendgüldenkraut nicht zuletzt seiner roten Blütenfarbe wegen (daher auch die Artbezeichnung „erythraea" aus dem Griechischen für „rötlich") praktische Bedeutung. Dem dort als „Laurin" bekannten Kraut wurden nämlich wie vielen anderen rotblühenden Pflanzen antidämonische Kräfte zugeschrieben. So kann man etwa mit einem daraus gebundenen Kranz auf dem Haupt in der Walpurgisnacht die Hexen auf ihren Ofengabeln, Besen oder Enten zum Brocken fliegen sehen, ohne dass sie einem etwas anhaben können. Seinem Namen alle Ehre erweist das Tausendgüldenkraut, wenn man es während des Mittagsläutens pflückt und im Geldbeutel trägt: Dann geht das ganze Jahr das Geld nicht aus.

Bild 109: *Erst bei genauer Betrachtung erkennt man die Schönheit der winzigen Blüten dieses Enziangewächses.*

Bild 110: *Wie die Korbblütler fassen auch die Kardengewächse, wie unser Teufelsabbiss, mehrere kleine Blüten zu einem teller- oder kugelförmigen Blütenstand zusammen.*

Der Teufelsabbiss

Zusammen mit unseren einheimischen Witwenblumen, den Karden und der Skabiose gehört der Teufelsabbiss zur Familie der Kardengewächse. Sein wissenschaftlicher Artname Succisa pratensis verrät seinen Lieblingsstandort auf unseren Wiesen (lateinisch: pratum), insbesondere den Feucht- und Moorwiesen. Mit seiner späten Blütezeit im August weicht er dem starken Konkurrenzdruck der Wiesengräser vor der ersten Mahd aus. Die blauvioletten, selten auch weißen Blüten stehen am Ende langer Stiele in mehreren halbkugeligen Köpfchen dicht beieinander. Zweifellos ist der deutsche Name dieser in nahezu ganz Europa verbreiteten Staude ihrer Schönheit eher unwürdig und bedarf allein daher schon einer Erklärung.

Der Pakt mit dem Teufel

Bereits unseren naturverbundenen Urahnen ist die recht merkwürdige Form des unterirdischen Wurzelstockes dieser Wiesenblume nicht entgangen. Und selbst unsere modernen botanischen Lehrbücher kommen nicht umhin, diesen mit „wie unten abgeschnitten" zu beschreiben (daher Succisa, aus dem lateinischen succidere: abschneiden). Bei einer so bedeutenden Heilpflanze, als die der Teufelsabbiss in uralten Zeiten in der Volksmedizin galt, musste es für so eine absonderliche Form eine übersinnliche Bedeutung geben. Und so erzählt man sich über diese ursprünglich dem germanischen Gott Donar geweihte Pflanze (daher mancherorts auch Donnerblume genannt) diverse Legenden. Eine davon lautet wie folgt:

„Einst hatte ein junger Mann mit dem Teufel einen Pakt geschlossen, um an die Geheimnisse der Heilkräfte aller Pflanzen zu gelangen. Da nun durch die Heilkunde des zum Arzt aufgestiegenen Mannes niemand mehr sterben musste, hatte auch die Hölle zum Verdruss des Teufels keinen Zuwachs mehr. In seiner Not wusste sich dieser nicht anders zu helfen, als seinen Vertragspartner unschädlich zu machen, indem er ihn blendete. Der Arzt hielt sich allerdings mit seinem vom Teufel selbst erworbenen Wissen um die

Bild 111: *Die zu Kugeln vereinten Blüten bieten den Insekten als willkommenen Bestäubern einen stabileren Landeplatz.*

Heilkraft unserer Donnerblume schadlos und erhielt durch die Heilwirkung der Pflanze sein Augenlicht zurück. In seinem höllischen Zorn biss daraufhin der Teufel dieser Blume die Wurzel ab, um sie ihrer Heilkraft zu berauben."

Bemerkenswert in diesem Zusammenhang ist die während der Christianisierung der Germanen häufige Übertragung der Namensgebung von Donar auf den Teufel. Andererseits gibt es zahlreiche Beispiele solcher Umwidmungen vom „heidnischen" Donar zum „christlichen" Petrus. So wurden vielerorts aus den regional bedeutsamen Donars- oder Donnersbergen unsere heutigen Petersberge und dementsprechend wird der Teufelsabbiss in Mecklenburg und Schlesien auch als Peterskraut bezeichnet.

Ein Zankapfel

Heute noch nutzt die moderne Naturheilkunde diese beliebte Wiesenblume ihrer Saponine, Gerb- und Bitterstoffe wegen als Heilmittel zur Blutreinigung. Harntreibende und leicht abführende Wirkung wird ihr zugeschrieben. Dem alten Volksglaube gemäß gibt es allerdings nur einen kurzen Zeitpunkt, zu der die Pflanze unangebissen mit voller Wurzel versehen ist. Mitternacht vor dem Johannistag, dem alten Donarfest, ist die einzige Stunde, in welcher die Pflanze mit all ihrer Heilkraft zu ernten sei. Übrigens soll der Pflanze sogar die Kraft des Erisapfels (Zankapfel der Göttin Eris, griechische Mythologie) innewohnen, vermag sie doch, unter den Tisch gelegt, Zwietracht unter der Tafelrunde auszulösen.

Die Tollkirsche

Albtraumgewächse

Neben beliebten Nahrungspflanzen wie Kartoffel, Tomate, Aubergine und Paprika kennen wir aus der Familie der Nachtschattengewächse auch zahlreiche Giftpflanzen wie Alraune, Bilsenkraut, Stechapfel und Tollkirsche. Der Begriff Nachtschatten ist hier gemäß einer gängigen Interpretation als Albtraum zu verstehen, welchen wir der germanischen Mythologie zufolge dem Wirken mancher Alben verdanken. Diese Alben, später auch Elfen und Elben genannt, waren nämlich nicht nur jene anmutigen weiblichen Wesen, zu denen sie ab dem 18. Jahrhundert verklärt wurden. Vielmehr gab es unter Ihnen auch Wesen der dunklen Seite, welche unseren Urahnen den Albdruck bescherten. Um diese Mächte zu bannen und letztlich einem befürchteten Nachtschatten, also Albtraum, zu entgehen, hatten sich unsere Vorfahren der berauschenden Inhaltstoffe einiger Nachtschattengewächse bedient.

Von tollen Frauen

Die allseits bekannte Tollkirsche (Atropa bella-donna) ist eine bis zu 1,5 m hohe Staude der Wegränder und Lichtungen unserer heimischen Wälder. Bereits die Römerinnen nutzten den rötlichen Fruchtsaft der „Bella-Donna“ (Schöne Frau) als Rouge für die Wangen. Besonders gefährlich wird diese Giftpflanze dadurch, dass ihre kirschartigen schwarzen Früchte uns Menschen zum Genuss geeignet scheinen. Dies führt jedoch, wenn nicht gleich zur tödlichen, dann oftmals zur namensgebenden „tollen“ Wirkung, denn toll ist hier noch in seiner ursprünglichen Bedeutung als närrisch und verrückt zu verstehen. Man denke an Begriffe wie Tollwut und Tollhaus. Knapp diesseits der todbringenden Dosis verursacht das Gift nämlich Rauschzustände, welche mit Visionen, insbesondere vom Fliegen, aber auch von festlichem Gelage, von Tanz und körperlicher Liebe einhergehen und nach dem Erwachen dem Berauschten oftmals als wirklich erlebt erscheinen. Auf den Betrachter wirkt dieser närrisch und verrückt, also „toll“.

Bild 112: *So verführerisch und doch so giftig. Ist sie also böse? Nein, mit ihrem giftigen Fruchtfleisch schützt sie fürsorglich ihre darin eingebetteten Kinder.*

Bis zum Mittelalter galten die meist zu Salben verarbeiteten Wirkstoffe dieser Nachtschattengewächse, insbesondere von Tollkirsche und Bilsenkraut, als Rauschmittel der armen Leute. Spätere Zeit verabscheute derartige Rauschzustände und verwies die als götternah empfundenen Visionen ins Reich des Teufels und der Hexen. „Die Salbe gibt den Hexen Mut“ wusste auch Goethe und ließ seinen Dr. Faust eine solche Hexenorgie in der Walpurgisnacht erleben. Manch heilkundige Hausfrau jedoch landete zu finsteren Zeiten wegen ihres Wissens um die Heil- und Rauschwirkungen ihrer Kräutersammlung auf dem Scheiterhaufen. Von der Verwendung der berauschenden „Flugsalben“ ist bis heute die Darstellung der Hexen als fliegende närrische Unholde geblieben.

An dünnem Faden

Unsere Urahnen hatten auch dem Bier solche Stoffe beigefügt, wenn die in einem schlechten Jahr arm an Stärke geerntete Gerste einen nur geringen Alkoholgehalt und somit einen nur schwachen

Bild 113: *Das wärmeliebende Bilsenkraut ist fast über ganz Europa verbreitet. Im Saarland war es zu früheren Zeiten insbesondere in den Gegenden entlang der Blies zu finden. Heute ist es in unserer Region nur noch äußerst selten.*

Rausch ergab. Die Stadt Pilsen in der heutigen Tschechischen Republik hatte eigens hierzu große Felder des Bilsenkrautes (Hyoscyamus niger) im Anbau, welche letztlich ihr selbst und somit auch unserem berauschenden Pils den Namen gaben.

Vor der todbringenden Tollkirsche und ihrer Verwandten sei allerdings gewarnt. Ihr wissenschaftlicher Gattungsname Atropa soll schließlich an Atropos erinnern, eine der drei schicksalsbestimmenden Moiren der antiken Mythologie. In ihrer Macht lag es nämlich, den Lebensfaden des Menschen durchzuschneiden.

Der Waldmeister

Ebenso wie die fast unscheinbare Pflanze vom einfachen Wanderer im schattigen Buchenwald beim Frühjahrsspaziergang leicht übersehen wird, so freut sich der Kenner, einen unserer ersten Boten einer erwachenden Natur zu entdecken. Und nicht nur das. Manche machen sich sogar auf in den Wald nur wegen des kaum mehr als 15 cm hohen Krautes mit den kleinen weißen Blüten. Schließlich ist der Waldmeister auch heute noch unverzichtbarer Bestandteil unserer traditionellen Maibowle, die schon aus dem 9. Jahrhundert bekannt ist. Ein Sträußchen zu Beginn der Blütezeit frisch gepflückt ergibt beim Eintauchen in das Getränk den unverwechselbaren Duft und Geschmack, der im Rest des Jahres nur aus grüner Limonade zu uns dringt. Doch schon manch einer, der sich bei einer Wanderung an einer schnellen Waldmeister-Brise erfreuen wollte, war sehr verwundert, dass frisch gepflückter Waldmeister sein duftendes Geheimnis nicht direkt preisgibt. Der Genuss wird uns nämlich hauptsächlich durch das in der Pflanze enthaltene Cumarin beschert, das im frischen Kraut nur in Vorstufen vorliegt und erst beim Verwelken der Pflanzen umgesetzt wird.

Der Kater und der Krebs

Allerdings sollte man den Konsum auch nicht übertreiben: Es ist der gleiche Stoff, der in zu gut gemeinten Dosierungen zu unangenehmen Kopfschmerzen nach der Maifeier führen kann. Erfahrene Maibowlen-Zubereiter empfehlen daher nur etwa drei Gramm der frischen Pflanzen auf einen Liter des Getränks. In Deutschland ist die Zugabe von Waldmeister in Lebensmittel seit einigen

Jahrzehnten sogar untersagt, weil in höheren Dosierungen von krebserregenden und leberschädigenden Wirkungen die Rede ist. Man sollte sich den vorsommerlichen Genuss allerdings nicht vermiesen lassen, denn, wie schon Paracelsus sehr treffend formulierte: „Alle Dinge sind Gift, und nichts ist ohne Gift. Allein die Dosis macht, dass ein Ding kein Gift ist." Dementsprechend sehen unsere französischen Nachbarn diese Angelegenheit wohl etwas gelassener: Waldmeister wird dort gelegentlich als Käsegewürz verwendet.

Botanisch gesehen gehört der Waldmeister (Galium odoratum) zur Familie der Rötegewächse, die vornehmlich mit holzigen Pflanzen in den Tropen vertreten sind, wovon eine (zumindest deren Samen) ganz sicher vom morgendlichen Frühstückstisch bekannt sein dürfte: der Kaffee.

Seinen Namen verdankt der Waldmeister übrigens weniger seinem wäldlichen Standort, als vielmehr einem menschlichen Namensgeber. Im Mittelalter als wichtige Heilpflanze anerkannt, wurde er wahrscheinlich nach einem im 13. Jahrhundert bekannten Heilkundigen, dem französischen Arzt Walter Agilon benannt. So wurde nach und nach durch die Eindeutschung der alten Arzneidrogenbezeichnung Herba Walteri Magistri unser heutiges „Waldmeister". Heilwirkung wurde ihm im Besonderen bei der Behandlung von nervöser Unruhe, Leber- und Gallenleiden zugeschrieben.

Bild 114: *Mit seinem unterirdisch kriechenden Wurzelstock vermag eine einzelne Waldmeister-Pflanze eine große Fläche einzunehmen. Für den Betrachter mag es sich scheinbar um mehrere Pflanzen handeln. Der Begriff des „Individuums" ist in der Botanik mit Vorsicht zu verwenden.*

Bild 115: *Der Waldmeister gehört in den botanischen Verwandtschaftskreis der Labkräuter (Gattung Galium). Man bezeichnet ihn auch als das Wohlriechende oder das Duftende Labkraut. Dabei entstammt dieser Duft nicht den Blüten sondern dem welkenden Kraut.*

Das göttliche Bündel

Eine auf die germanischen Mythologie zurückgehende Wirkung erhofften sich unsere Altvorderen von einer traditionellen Verwendung des Waldmeisters: Der Göttin Freia, Mutter der Erde, Göttin der Natur und der Fruchtbarkeit, Beschützerin von Ehe und Geburt war der Waldmeister besonders heilig. Daher wurden werdenden Müttern kleine Bündel dieses Krautes (wie auch Labkraut oder Thymian) unters Kopfkissen gelegt, um die Geburt zu erleichtern. Selbst nachdem das Christentum Einzug gehalten hatte, wurde dieser Brauch trotz aller Verbote vielerorts weitergeführt. Wegen der neuen Glaubensgestalt, die fortan das Erbe Freias antrat, wurde das kleine Sträußchen nun „Marienbündel" genannt.

Der Wau

Zugegeben, die deutsche Bezeichnung Wau für unsere beiden heimischen Reseda-Arten brachte schon immer die Studierenden der Botanik zum Schmunzeln. Aber weder Wau noch Beifuß als Pflanzennamen entstammen der Terminologie aus der Hundehaltung. Zurückführen lässt sich der Name auf romanische Ursprünge. Über das gotische „walde" (niederländisch: „wouw") ist letzten Endes unser heutiger Begriff Wau entstanden.

In unserer Region können wir den Gelben Wau (Reseda lutea) anhand seiner fiederspaltigen Blätter vom Färber-Wau (R. luteola) mit dessen ungeteilten schmalen Blättern unterscheiden. Beide Arten stammen aus dem Mittelmeerraum, wo sie ursprünglich auf den Kies- und Geröllfeldern entlang der dortigen Fließgewässer zu Hause waren. Bei uns finden wir sie auf Schuttplätzen, Bahndämmen, Äckern, Weinbergen, an Mauern und Wegrändern.

Zum Gelbfärben

Ihren botanischen Artnamen gemeinsam ist der lateinische Wortstamm von luteus für gelb. Diese Namensgebung könnte man zwar auf die unscheinbaren gelben Blüten beider Arten zurückführen, basiert aber eher auf dem gelben Inhaltsstoff Luteolin aller oberirdischen Pflanzenteile. Immerhin war der Färber-Wau spätestens seit dem Mittelalter unsere bedeutendste Pflanze zum Gelbfärben. Äl-

Bild 116: *Beide Wau-Arten sind im Saarland etwa gleich häufig vertreten. Der Färber-Wau ist von größerem Wuchs. Die Blütenstände sind aufrecht und schlank, die Blätter ungeteilt.*

Bild 117: *Der Gelbe Wau ist meist kleiner, die Blütenstände sind breiter, die Blätter gefiedert.*

teste Samenfunde kennt man bereits aus der Jungsteinzeit im Voralpenraum, auch aus spätkeltischer Zeit bei Stuttgart und aus römischen Niederlassungen am Rhein aus dem ersten Jahrhundert nach Christus. Doch ist ungewiss, ob die Pflanze damals bereits zum Färben oder lediglich als Arznei genutzt oder anderweitig eingeschleppt wurde. Die Hauptanbaugebiete lagen später in Südfrankreich und Italien. Dort erzielte man die besten Farberträge. Dagegen hatten die in Deutschland (Thüringen, Sachsen, Bayern und Württemberg) und Südengland kultivierten Pflanzen eine weitaus geringere Färbewirkung. Im ersten Jahr bildet die Pflanze lediglich eine dem Boden flach aufliegende Blattrosette, aus welcher im Folgejahr ein bis zu 1,5 m hoher Blütenstand emporschießt. Die oberirdischen Teile wurden nach der Blütezeit abgeerntet, an der Luft (im Schatten!) getrocknet, gebündelt und somit lange haltbar gemacht. Das wasserlösliche Luteolin, konnte danach aus den Kräuterbündeln herausgekocht und mittels Alaun und Kreide als gelbe Kristallnadeln ausgefällt werden. Zur festen Bindung des Farbstoffes an Garne und Textilien mussten die Stofffasern zunächst mit Tonerde, Chrom- oder Zinnbeizen vorbehandelt werden. Je nach Art der Beizung erhielt man verschiedene Gelbtöne. Diverse Grünvarianten konnte man durch Mischfärbung mit dem Indigoblau des Färberwaids erzielen. Allerdings ist die Farbe des Waus auf Wolle und Baumwolle nicht sonderlich wasch- und lichtbeständig. Kein Wunder also, dass mit der Entwicklung der synthetischen Anilinfarben Ende des 19. Jahrhunderts die Blütezeit der Waufärber rasch beendet war. Seide allerdings lässt sich dagegen in recht guter Qualität mit Luteolin anfärben, so dass noch bis ins Jahr 1927 ein verminderter Anbau in Deutschland lohnenswert war.

Aus Rimini

Der schwedische Botaniker Carl von Linné hat sich den Gattungsnamen Reseda (abgeleitet aus dem lateinischen resedáre: wieder beruhigen, heilen) vom römischen Schriftsteller Gaius Plinius abgeschaut, der mit diesem Namen eine Pflanze bei der umbrischen Stadt Ariminum, dem heutigen Rimini, bezeichnete. Diese vermeintliche Reseden-Art (vielleicht Reseda phyteuma) soll als antikes Heil-, Liebes- und Zaubermittel gedient haben.

Der Wegerich

Unseren drei Wegerich-Arten können wir wahrlich auf Schritt und Tritt begegnen. „König des Weges“, abgeleitet vom gotischen reiks (rich) für Herrscher und König, heißt der Wegerich nämlich im Sinne unserer germanischen Vorfahren. Der Breit-Wegerich (Plantago major) ist dabei der eigentlich wahre Herrscher, welcher sich nicht nur auf Standorte wie magere Wiesen, Ödland und Wegränder beschränken muss, sondern oftmals mitten auf Wegen und vielbegangenen Plätzen ausharren kann. Er ist durch seine derben, dem Boden dicht aufliegenden Blätter bis zu einem gewissen Maß gegen die „Tritte“ von Mensch, Tier und Wagen gewappnet und kann somit diesen Lebensraum fast konkurrenzlos für sich beanspruchen. Den breiten fußsohlenförmigen Blättern des Breit-Wegerichs verdankt der botanische Gattungsname Plantago übrigens seinen Ursprung (aus dem lateinischen planta für Fußsohle). Von der Blattform her verwechseln könnte man ihn mit dem weniger trittfesten Mittleren Wegerich (Plantago media), dessen Blütenstand sich allerdings weitaus farbenprächtiger und wohlriechender präsentiert. Auch der mit schmaleren Blättern ausgestattete Spitz-Wegerich (Plantago lanceolata) hält es meist nur am Rand des Weges aus, ist dagegen aber auch auf saftigen Wiesen und Weiden eine konkurrenzfähige Blume. Unsere Vorfahren haben übrigens die drei einheimischen Wegerich-Arten zumindest im Sprachgebrauch oftmals gar nicht unterschieden, was die genaue Zuordnung der Spezies in alter Literatur mitunter erschwert.

Bild 118/119: *Die Blattrosette des Mittleren Wegerichs ist dichter behaart. Sein ährenförmiger Blütenstand ist mit den lilafarbenen Staubfäden der attraktivste unter den drei heimischen Wegerich-Arten.*

Bild 120: *Der Breit-Wegerich, durch Tritte geschunden, aber nahezu konkurrenzlos an diesem Standort*

Auf dem Weg zur Hölle

Neben dem „Wegerich“ tauchen in der germanischen Mythologie weitere Könige auf, wie der bekannte Kobold Heinrich, der „Herrscher des Heimes“, oder Alberich, der „König der Elfen“. Zu diesen Elfen, auch Alben und Elben genannt, den Mittelwesen zwischen Menschen und Göttern, gehören die Zwerge, die Erd-, Luft- und Wassergeister (Nixen), die Hausgeister (Kobolde) sowie die Totengeister. Als Verkörperung eines solchen elbischen Totengeistes galt den Germanen der Wegerich. Der Weg, den er beherrschte, war der Weg zur Todesgöttin Hel, der „Hellweg“ zum Totenacker. Angeblich verfügte derjenige, welcher die Pflanze in seiner Gewalt hatte, auch über all deren übernatürlichen Kräfte. So galt der Wegerich unseren Urahnen als Heilpflanze gegen alle Krankheiten.

Der Hustensaft schlechthin

Während die gegen Zahnschmerz helfende Kette aufgereihter Wegerichwurzeln, am Ohr aufgehängt, wohl noch dem Aberglauben zuzuordnen ist, nutzt die Volksmedizin bis heute insbesondere den Spitz-Wegerich als vorzügliches Mittel bei Lungen- und Bronchialleiden. „Spitzwegerichsaft“ war lange Zeit im Sprachgebrauch gleichbedeutend mit Hustensaft, selbst wenn manchmal keine Spur des Wegerichs mehr darin enthalten war.

Bild 121: *Die lang herausragenden Staubfäden, die fedrigen Narben sowie die fehlenden Blütenblätter des Spitz-Wegerichs sind sichtbare Zeichen seiner Windblütigkeit. Seine Blätter sind länglicher und seine Blütenstände meist deutlich kürzer als bei den zwei anderen heimischen Wegerich-Arten.*

Bei Insektenstichen soll ein frisch zerkautes oder zerriebenes Blatt als schnell wirkendes Mittel zumindest gegen den Juckreiz hilfreich sein. Selbst bei Schlangenbissen galt dies in alten Zeiten als empfehlenswertes Gegenmittel.

Der ursprünglich nur in Europa und Asien beheimatete Breit-Wegerich ist heute eine Allerweltspflanze, haben sich doch seine Samen an den Schuhsohlen der Reisenden haftend über die ganze Erde verbreitet. Den Indianern Nordamerikas war sein Erscheinen Sinnbild für das Vordringen der europäischen Eroberer Richtung Westen. So nannten sie ihn „Die Fußstapfen des Weißen Mannes“.

Die Wegwarte

Himmelblaue Augen

„Als verwunschenes Mädchen mit himmelblauen Augen steht sie am Wegesrand und wartet sehnsüchtig auf die Rückkehr des Geliebten.“ So lautet eine der romantischen Versionen der zahlreichen Sagen, Erzählungen und Gedichte aus uralten Zeiten, welche die zauberhafte Personifizierung der Wegwarte beschreiben. Mal wünscht sich das Mädchen selbst, die Pflanze zu sein, mal wird sie von Ihrem Vater oder vom Herrgott dazu verflucht. Erlöst kann sie allerdings erst durch den Angebeteten werden und der ist bis heute nicht gekommen, weshalb wir uns immer noch an dem Anblick dieser im Saarland recht häufigen Pflanze erfreuen können. Und tatsächlich findet man sie vorwiegend an Weges- und Straßenrändern, aber auch auf offen gehaltenen Plätzen, Bahndämmen und Äckern. Die vor langer Zeit vermutlich aus dem sibirischen Raum nach Europa eingewanderte Pflanze ist mittlerweile auch in alle übrigen Kontinente eingeschleppt worden. Die Wissenschaft bezeichnet sie als Cichorium intybus und gruppiert sie im weiteren Sinne in die Familie der Korbblütler, bei denen sich eine Blume aus vielen kleinen Blüten zusammensetzt. Der Gattungsname Cichorium leitet sich vom griechischen kio (gehe) und chorion (Feld) ab und lässt sich somit ebenfalls auf das typische Auftreten der Pflanze an Wegen zurückführen.

Bild 122: *Der legendäre Vergleich ihrer Blüten mit himmelblauen Augen spielt auch in die Bedeutung der Wegwarte gemäß der Signaturenlehre (Ähnliches heilt Ähnliches) hinein. So glaubte man, mit dieser Blume diverse Augenleiden heilen zu können.*

Bild 123: *Vom Juli bis weit in den Oktober blüht die Wegwarte ihrem Namen entsprechend an vielen Weg- und Straßenrändern. Wer aber bedenkt bei ihrem Anblick die zahlreichen Legenden um das Schicksal dieses verwunschenen Mädchens oder erkennt in ihr den Ursprung so vieler nutzbarer Kulturpflanzen?*

Kaffee, Gewürz, Salat, Gemüse…

Unseren Vorfahren war die von Juli bis September blühende Wegwarte ein viel genutztes Kraut. Vielen dürfte bis heute Ihre Verwendung zu schlechten Zeiten als Kaffee-Ersatz, Zichorienkaffee genannt, bekannt sein. Dazu wurde ihre Wurzel in Stücke geschnitten und geröstet, wobei sich insbesondere der darin enthaltene Zuckerstoff Inulin in einen Geschmacksstoff mit kaffeeähnlichem Aroma umwandelt. Während der mageren Jahre von der Napoleonischen Kontinentalsperre bis hin zum Zweiten Weltkrieg war dies der Kaffee der armen Leute, allerdings ohne die anregende Wirkung, da ohne Koffein. Zuweilen wurde echtem Kaffee auch das Zichorienpulver als Gewürz und farbgebende Komponente zugegeben.

Werden die Wurzelrüben der Wegwarte im Herbst in Sand eingeschlagen und über Winter in Treibhäusern vorgetrieben, bilden sich bis 5 cm dicke, feste Blattknospen, die infolge der Abdeckung zart und bleich sind und als Chicorée oder Salatzichorie gehandelt werden. Geschnitten liefern hier die Blätter einen wohlschmeckenden, schwach bitteren Rohkostsalat, gedünstet ein Gemüse. In Italien entstand mit dem rotblättrigen Radicchio eine weitere Kulturvariante der Wegwarte.

Viele weitere Namen trägt unsere Pflanze im Volksmund: Faule Gretl, Sonnenwendel und Sunnenwirbel, um nur einige zu nennen. Diese Bezeichnungen gehen wohl darauf zurück, dass sich die Blütenköpfe nach der Sonne ausrichten und sich bei reichlich Sonnenschein bereits zum Mittag wieder schließen. Auch ihr mittelalterlicher Name „Solsequium“ geht wohl auf diesen Ursprung zurück.

…und Tarnkappe zugleich

Im Volksglauben unserer Altvorderen galt die Wegwarte als Heilpflanze. So dienten ihre Blätter als magenstärkender Salat und ihr Saft gegen Augenleiden und Vergiftungen.

Im nordisch-germanischen Kulturkreis hatte sie vielleicht noch eine weitergehende Bedeutung. Dort kannte man eine so genannte „Wunderblume“ der man vielerlei Zauberkräfte nachsagte. Wie auch das Salomonssiegel und die Schlüsselblume steht die Wegwarte im Verdacht, diese magische Blume zu sein. So vermochte sie denjenigen, der ihre Wurzel in einem Tüchlein bei sich trägt, vor allerlei Übel zu bewahren. Sie konnte somit hieb- und stichfest machen, Fesseln sprengen, Kugeln abweisen, Dornen und Nadeln aus Wunden entfernen und sogar einer Tarnkappe gleich unsichtbar machen. Natürlich bedurfte es zum Erhalt und zur Herstellung einer solchen Wurzel einiger Bedingungen und ritueller Handlungen, welche hier nicht verraten werden, nur soviel: Es musste eine weißblühende Wegwarte sein, wie sie als Laune der Natur gelegentlich vorkommt.

Bild 124: *Die Mystik um das Vorkommen der weißblütigen Wegwarte (oder anderer Blumen) ist durch die Wissenschaft entzaubert. Heute weiß man, dass solchen Pflanzen durch Gendefekte die Fähigkeit zur Pigmentbildung bezüglich der Blütenfarbe verloren gegangen ist.*

Die Wilde Malve

Vier Malvenarten können wir im Saarland finden. Dabei sind die Weg- und die Moschus-Malve verbreitet anzutreffen. Ähnlich wie bei der Rosen-Malve konzentriert sich das Verbreitungsgebiet unserer Wilden Malve aber mehr oder weniger auf das mittlere Saartal.

Bei der Wilden Malve, die gewöhnlich auch als Rosspappel bezeichnet wird, handelt es sich um eine verzweigte Staude, welche bei entsprechender Nährstoffversorgung einen kräftigen mannshohen Wuchs erreichen kann. Ihre mit dunkleren Streifen versehenen rosavioletten Blüten erscheinen von Mai bis September. Die ursprüngliche Herkunft dieser eurosibirischen Art ist heute nicht mehr nachzuvollziehen, ist sie doch ein uralter, bereits seit der Jungsteinzeit nachgewiesener Kulturbegleiter des Menschen. In den dalmatinischen Felsensteppen vermutet man noch vom Menschen unbeeinflusste natürliche Standorte.

Bild 125: *Die Blüte der Rosspappel erinnert an beliebte exotische Zierpflanzen aus der Familie der Malvengewächse, wie Stockrose, Eibisch und Schönmalve. Auch die Baumwolle als allseits bekannte Nutzpflanze gehört in diesen Verwandtschaftskreis.*

Weder Ross noch Pappel

Das mit wissenschaftlichem Namen als Malva silvestris (aus dem lateinischen silva für Wald) benannte Kraut sucht sich wüste Plätze, Schuttstellen, Wegränder, Wiesen, Weinberge, Äcker und Sandfelder zum Gedeihen, taucht aber im Widerspruch zu dieser Namensgebung in unseren eigentlichen Wäldern gar nicht auf. Solche Ungereimtheiten in botanischen Pflanzenbezeichnungen sind gar nicht mal so selten. Vielleicht ist sie Ihrem wissenschaftlichen Entdecker ja in einer kleinen Waldlichtung auffällig geworden. Auch der geläufige deutsche Name Rosspappel sollte uns eigentlich verwundern, ist doch beim Anblick der Pflanze zunächst nicht ersichtlich, was sie mit der bekannten Baumart oder gar den Pferden, welche keinen Geschmack an dem Kraut finden, gemein hat. Pappel wird hier allerdings eher dem mittelhochdeutschen „pap“ zugeordnet, welches dann später zu Pappe und Pampe wurde, und somit keine Pappel sondern einen Brei bezeichnet. Sinnvoll wird diese Herleitung, wenn man bedenkt, dass das zerstampfte Kraut in alten Zeiten zu Heilzwecken in Form eines Breiumschlages verwendet wurde. Der Zusatz „Ross“ oder „Pferd“ diente unseren Altvorderen zum Einen als Bezeichnung für etwas Unechtes (also falsche Pappel) sowie zum Anderen für etwas Starkes (wegen des kräftigen Wuchses der Pflanze). Man denke in diesem Zusammenhang auch an unseren Begriff Rosskastanie für die nicht essbare (falsche) Kastanie oder Rosskur für eine mit kräftigen Mitteln durchgeführte Heilbehandlung. Der Name Malve kann in seinem Ursprung dem griechischen malakós (weich), wegen der erweichenden Eigenschaften des Malvenschleims, zugeordnet werden. Die Erweiterung als Wilde Malve soll sie von unseren in Gärten zu Zierzwecken kultivierten Malven-Arten abgrenzen.

Bild 126: Die Heilwirkung der Blätter und Blüten unserer Wilden Malve war bereits den römischen und griechischen Gelehrten der Antike bekannt. Bis heute zählt die Pflanze zu den offizinellen Arzneidrogen.

Gesunder Schleim

Unsere Volksmedizin nutzt die schleimhaltigen Blätter und Blüten seit langer Zeit als Wundumschlag insbesondere aber als Teezubereitung zur Behandlung von Atemwegserkrankungen und Magen-Darm-Beschwerden. Entgegen einem volkstümlichen Aberglaube helfen sie aber nicht bei Schuppenflechte und Kehlkopfkrebs. Die Tibetaner kennen eine Kräutermischung aus Malve und Granatapfel zur Abwehr diverser Krankheiten, vor allem aber zum Erwecken sexueller Begierde. Verwechseln sollte man hiermit nicht den auch als Malvenblütentee bezeichneten rötlichen Aufguss aus den so genannten Nubia-Blüten, einer afrikanischen Hibiskus-Art. Diesem Tee wird allerdings keinerlei Heilwirkung zugesprochen, er gilt vielmehr als durstlöschendes Genussmittel.

Bild 127: *In der Mitte der Blütendolde befindet sich die schwarze „Mohrenblüte“.*

Die Wilde Möhre

Die Pflanzenfamilie der Doldenblütler sollte auch von botanischen Laien recht leicht zu erkennen sein. Die kleinen Einzelblüten stehen hier zu sehr vielen in einer Ebene, einer so genannten Dolde, zusammen. Meist halten sich auf diesen Blütenständen zahlreiche verschiedenartige Insekten auf, wird der Blütennektar allen Bestäubern als Entlohnung doch frei zugänglich (ohne speziell geformte Blütenröhren oder Nektardrüsen) angeboten, die seitens der Insekten einen passenden Körperbau (z.B. einen längeren Rüssel) erfordern würden. Viele allseits bekannte Kräuter, darunter einige Nutzpflanzen wie Fenchel, Pastinak, Kümmel, Petersilie und unsere einheimische Wilde Möhre gehören zu dieser Pflanzenfamilie.

Die Mär mit dem Mohr

Die Wilde Möhre, auch Mohrrübe, Karotte und Gelbe Rübe genannt, hat sich ausgehend von ihrer eigentlichen Urheimat, dem Mittelmeergebiet, bereits zu historischer Zeit über Europa und Asien ausgebreitet. Auch im Saarland ist sie eine sehr häufige Pflanze, insbesondere auf mageren Wiesen sowie an Weg- und Ackerrändern. Ein besonderes Kennzeichen macht sie gegenüber unseren anderen einheimischen Doldenblütlern unverwechselbar. Im Zentrum der weißblütigen Dolde befindet sich meistens eine rote oder schwarze Blüte, die so genannte „Mohrenblüte“. Dabei wäre es falsch, dem mancherorts verbreiteten Gerücht zu glauben, der Name unserer Pflanze entstamme dem Wort Mohr, der veralteten Bezeichnung für einen schwarzhäutigen Menschen. Vielmehr geht die Bezeichnung Möhre auf die althochdeutschen Begriffe morha und morach (mittelhochdeutsch: morhe, morch, more) zurück, welche damals eine essbare Wurzel oder Rübe im Allgemeinen bezeichneten. Rupft man eine Wilde Möhre aus, ist manch einer von der geringen Dicke und fehlenden gelb-roten Farbe überrascht, handelt es sich doch bei der Wildpflanze bei weitem noch nicht um eine unserer heutigen, in reichlicher

Bild 128: *In dieser zusammengezogenen Form verharrt der Fruchtstand der Wilden Möhre den ganzen Winter über.*

Bild 129: *Die Wilde Möhre hat sich über ganz Europa ausgebreitet. In den Seealpen gedeiht sie noch bis in Lagen von 2500 Höhenmetern.*

Vielfalt vorhandenen Zuchtformen. Der Geruch der Wurzel weckt aber bereits die unverkennbare Erinnerung an unsere Zuchtkarotten.

Über die Bedeutung der dunklen Mohrenblüte in der Mitte der Dolde gibt es verschiedene Vermutungen. Vielleicht dient der farbliche Kontrast als Blickfang für die Insekten, um deren Aufmerksamkeit zu erregen. Die schwarze Blüte könnte aber auch ein Insekt selbst vortäuschen wollen, um andere Artgenossen zu einem lohnenden Besuch einzuladen, oder aber der vermeintlich schwarze Käfer auf dem Blütenstand sollte weidendes Vieh vom Verbiss abhalten.

Lust zu ehelichen wercken

In der Volksmedizin und nicht zuletzt auch in den Liebestränken fand die Wilde Möhre reichlich Verwendung. Beispielhaft sei hier aus dem Kräuterbuch von Matthiolus aus dem Jahre 1563 zitiert: „Die Mören gesotten sindt lieblich zu essen, dem magen nützlich, treiben den Harn, bringen lust zur speiss und zu den ehelichen wercken.....“ Der alte Volksglaube kennt sie als Zaubermittel gegen die Gelbsucht. Lässt man eine ausgehöhlte, mit eigenem Harn gefüllte Möhre im Rauchfang vertrocknen, schwindet ebenso die Gelbsucht. Zum Abschluss noch ein Ratschlag für Bauern und Hobbygärtner aus uraltem Aberglauben, welcher ja bekanntlich keinerlei Prüderien duldet: Besonders gut gedeihen Mohrrüben dann, wenn man sich am Pfingstmorgen vor Sonnenaufgang nackt auf dem Möhrenfeld herumwälzt.

Die Zaunrübe

War die Zaunrübe nun unsere ursprüngliche oder schon immer die falsche Alraune oder lediglich die der armen Leute? Bei diesem Rätsel unserer Kulturgeschichte ist eines gewiss: Um kaum eine andere Pflanze unseres germanischen Kulturkreises ranken sich derart viele Mythen wie um die Alraune. Zu heutiger Zeit besteht kein Zweifel mehr, dass unter diesem Namen die rauschgiftige Mandragora officinarum gemeint ist, ein nur im Mittelmeergebiet heimisches Nachtschattengewächs. Allerdings konnten die Germanen zur Zeit vor den Römerzügen diese Pflanze kaum gekannt haben. Sicherlich kannten sie aber unsere einheimische Zaunrübe (Bryonia dioica), ein an Buschwerk oder Zäunen rankendes Kürbisgewächs, welches gelegentlich als die germanische Ur-Alraune angesehen wird.

Vom glücksbringenden Alraun…

Beiden Pflanzen gemeinsam ist eine dicke fleischige Wurzelrübe, welche manchmal von Natur aus der Gestalt eines Menschen nahe kommt. Daher wurden wohl zunächst beide in den verschiedenen europäischen Kulturen zur Zeit des Altertums als solche betrachtet, als kleine menschenähnliche Lebewesen. Und hatte

Bild 130: *Während nur einer Vegetationsperiode vermag die heimische Zaunrübe ihre Rankstütze mehrere Meter hoch zu umschlingen. Ihr wissenschaftlicher Gattungsname Bryonia leitet sich vom griechischen „bryo“ (sprossen, schnell wachsen) her und galt zur Zeit der Antike für viele Kletterpflanzen, insbesondere auch für den Hopfen.*

die Natur in der Ausgestaltung der Rübe etwas versagt, so halfen unsere Ahnen mit dem Schnitzmesser nach und gaben dem so genannten Alraunmännlein (es gab übrigens auch Weiblein!) noch Augen aus Wacholderbeeren und Haare aus Garn. Der Name Alraun entstammt vermutlich dem elfenähnlichen Wesen „Albruna", einer auf die göttliche Seherin Aurinia zurückgehenden Gestalt der germanischen Mythologie. Aus dem Wortstamm „runa" leitet sich der Begriff „Runen" ab, die geheimen Schriftzeichen der Germanen. Noch heute bezeichnet das Wort „Raunen" ein geheimnisvolles Flüstern. Und so kannte auch das Alraunmännlein alle Geheimnisse der Welt und brachte demjenigen, der es als Talisman mit sich trug, Gesundheit, Reichtum und Lebensglück. Allerdings war es nicht ganz ungefährlich, sich einen solchen Glücksbringer zu beschaffen, denn beim Ausreißen der begehrten Wurzel fing das Männlein derart zu schreien an, dass man auf der Stelle tot umfiel. So bediente man sich gerne der trickreichen Methode, das Wurzelwerk an einen Hund zu binden, der beim Fortlaufen das Ausreißen erledigte. Zudem waren einige rituelle Handlungen sowie das Aufsagen von diversen Beschwörungsformeln unerlässlich.

Bild 131: *Die heute als echte Alraune angesehene Mandragora bildet eine dem Boden aufliegende Blattrosette. Nördlich der Alpen ist sie in freier Natur allerdings nicht zu finden. Wie andere Nachtschattengewächse, etwa Bilsenkraut, Stechapfel und Tollkirsche, enthält sie rauschgiftige Alkaloide.*

...zum Ebenbild des Teufels

Im Mittelmeerraum wurde ein solcher Kult mit der Mandragora betrieben. Bereits Pythagoras hielt die Pflanze für einen verwandelten Menschen und so benutzten die alten Griechen und Römer diese der Zauberin Circe geweihte Wurzel als Amulett gegen Hexerei. Nach dem Kontakt der Germanen mit den Römern haben unsere Vorfahren ihren Alraunenkult vermutlich auf die schwer zu beschaffende, zudem rauschgiftige und damit wertvollere Mandragora übertragen. Fortan galt die Zaunrübe nur noch als falsche Alraune oder die der armen Leute.

Doch der Mythos sollte eine weitere Änderung erfahren. Den Christen nämlich war dieser Aberglaube allzu sehr verbunden mit den alten Gottheiten unserer Urahnen und so betrachtete man das Alraunmännlein eher als Teufelswerk. Geboren wurde der Alraun gemäß der neuen Legende aus dem abtropfenden Harn oder Samen eines Gehängten und war daher nur unter einem Galgenbaum zu finden. Seinen Träger führte er zwar zu Reichtum, aber auch ins Verderben. Als Ebenbild des Teufels sorgte er für Mord und Totschlag in dessen Familie. So sollte sein Besitzer letztlich selbst an dem Galgen enden, unter welchem er einst die Wurzel ausgegraben hatte.

Literatur

Abraham, H., Thinnes, I.: Hexenkraut und Zaubertrank. 2. Auflage. Urs Freund Verlag. Greifenberg. 1996

Balick, M.J., Cox, P.A.: Drogen, Kräuter und Kulturen. Spektrum Akademischer Verlag. Heidelberg, Berlin, Oxford. 1997

Braun, H., Frohne, D.: Heilpflanzen-Lexikon für Ärzte und Apotheker. 5. Auflage. Gustav Fischer Verlag. Stuttgart, New York. 1987

Diener, H.: Arzneipflanzen und Drogen. Verlag Harry Deutsch. Thun, Frankfurt. 1986

Frohne, D., Pfänder, H.J.: Giftpflanzen. 3. Auflage. Wissenschaftliche Verlagsgesellschaft. Stuttgart. 1987

Gessner, O.: Gift- und Arzneipflanzen von Mitteleuropa. 3. Auflage. Carl Winter Universitätsverlag. Heidelberg. 1974

Hegi, G.: Illustrierte Flora von Mitteleuropa. Lehmanns Verlag. München. 1908-1932

Körber-Grohne, U.: Nutzpflanzen in Deutschland. 2. Auflage. Konrad Theiss Verlag. Stuttgart. 1988

Malizia, E.: Liebestrank und Zaubersalbe. Orbis Verlag. München. 2002

Marzell, H.: Zauberpflanzen Hexentränke. Franckh'sche Verlagshandlung. Stuttgart. 1963

Marzell, H.: Wörterbuch der deutschen Pflanzennamen. S. Hirzel Verlag. Leipzig. 1958

Marzell, H.: Die heimische Pflanzenwelt im Volksbrauch und Volksglauben. Quelle und Meyer Verlag. Leipzig. 1922

Pahlow, M.: Das große Buch der Heilpflanzen. Gräfe und Unzer Verlag. München. 1979

Rätsch, C.: Lexikon der Zauberpflanzen. VMA-Verlag. Wiesbaden. 1988

Rätsch, C.: Pflanzen der Liebe. Hallwag Verlag. Bern. 1990

Rätsch, C.: Enzyklopädie der psychoaktiven Pflanzen. AT Verlag. Aarau. 1998

Reinbothe, H., Wasternack, C.: Mensch und Pflanze. Quelle & Meyer Verlag. Heidelberg, Wiesbaden. 1986

Roth, L., Daunderer, M., Kormann; K.: Giftpflanzen Pflanzengifte. 4. Auflage. ecomed Verlag. Landsberg. 1994

Roth, L., Kormann, K., Schweppe, H.: Färbepflanzen Pflanzenfarben. ecomed Verlag. Landsberg. 1992

Sauer. E.: Die Gefäßpflanzen des Saarlandes. Eigenverlag. Saarbrücken 1993

Söhns, F.: Unsere Pflanzen. 6. Auflage. B.G. Teubner Verlag. Leipzig, Berlin. 1920

Volkmann, H.: Märchenpflanzen Mythenfrüchte Zauberkräuter. Vandenhoeck & Ruprecht Verlag. Göttingen. 2002

Weiß, R.F.: Lehrbuch der Phytotherapie. 7. Auflage. Hippokrates Verlag. Stuttgart. 1991

Bildnachweis

Anika Colbus: 27, 80, 93

Diathek des Botanischen Gartens der UdS: 1, 9, 18, 26, 40, 47, 69, 85, 91, 96, 98, 101, 113, 119, 122, 125, 126, 130

Thierry Helminger: 71, 87, 114

Claudia Köllner: 60, 128

Rüdiger Mues: 2, 21, 24, 36, 38, 39, 41, 51, 57, 59, 70, 76, 77, 78, 129

Charles Reckinger: 4, 7, 10, 11, 13, 16, 19, 20, 25, 30, 35, 37, 48, 49, 52, 54, 55, 58, 65, 66, 74, 79, 88, 89, 105, 108, 111, 112

Wolfgang Stein: 6, 8, 44, 75, 84, 94, 106, 109, 120, 124

Hilke Steinecke & Peter Schubert: 3, 5, 14, 15, 17, 22, 23, 28, 29, 31, 32, 33, 34, 42, 43, 45, 46, 50, 56, 62, 63, 67, 72, 81, 82, 83, 86, 90, 92, 95, 97, 99, 100, 102, 104, 107, 110, 115, 117, 118, 121, 127, 131

Horst Thor: 116

Henrik Weiß: 12, 53, 61, 64, 68, 73, 103, 123